2021年度甘肃省体育科研和决策咨询研究项目（一般项目）
2021年度西北民族大学中央高校基本科研业务费专项资金项目（31920210124）
当代体育学者文库

乒乓球运动原理与
制胜规律研究

朱惠平　著

人民体育出版社

图书在版编目（CIP）数据

乒乓球运动原理与制胜规律研究 / 朱惠平著. -- 北京：人民体育出版社，2022（2024.12重印）
（当代体育学者文库）
ISBN 978-7-5009-6112-3

Ⅰ.①乒… Ⅱ.①朱… Ⅲ.①乒乓球运动—研究
Ⅳ.①G846.3

中国版本图书馆CIP数据核字(2021)第234537号

*
人 民 体 育 出 版 社 出 版 发 行
北京中献拓方科技发展有限公司印刷
新 华 书 店 经 销
*
710×1000　16 开本　12.75 印张　215 千字
2022 年 7 月第 1 版　　2024 年 12 月第 3 次印刷
*
ISBN 978-7-5009-6112-3
定价：70.00 元

社址：北京市东城区体育馆路 8 号（天坛公园东门）
电话：67151482（发行部）　　　邮编：100061
传真：67151483　　　　　　　　邮购：67118491
网址：www.psphpress.com
（购买本社图书，如遇有缺损页可与邮购部联系）

序　言

乒乓球运动起源于19世纪末的英格兰，是网球运动的衍生品，由两个英国人偶然发明而来。乒乓球运动的雏形是一种流行于英格兰上流社会的时髦小游戏，最初人们把它称为"桌上网球"，后来根据打球时球拍击球发出"乒"的声音，球碰桌面又发出"乓"的声音而被形象地取名"乒乓球"。1926年国际乒乓球联合会成立，并且在英国举办了第1届世界乒乓球锦标赛，这标志着乒乓球运动从游戏项目进入了竞技体育的行列。

1904年乒乓球运动传入中国，1959年容国团在第25届世乒赛上为我国获得第一个世界冠军，从而实现了中国体育运动在世界比赛中"零"的突破。从1959年至今，中国乒乓球队已经在世乒赛、世界杯、奥运会三大赛事上，获得了将近200个世界冠军，其中5次囊括世乒赛全部冠军、3次包揽奥运会全部金牌，中国乒乓球队长盛不衰、星光璀璨，创造了世界体坛罕见的历史奇观。实践证明，实现这一壮举的根本原因是中国乒乓球队对乒乓球运动原理的正确认识和对乒乓球运动竞技制胜规律的科学把握。

20世纪七八十年代，从城市到农村，从工厂到学校，到处都有乒乓球台，随处可见人们打乒乓球的场景。我出生于20世纪80年代初，正处于"学习乒乓精神""学打乒乓球"的热潮中，无可厚非地与乒乓球自然结缘。童年的记忆大多与乒乓球有关，记得第一块乒乓球拍是用木板一点点削出来的，最喜欢的乒乓球是无缝"少年牌"，课间十分钟最高兴的事莫过于占个"水泥台子"挥上几拍，经常因为打乒乓球而忘记回家吃饭。虽然儿时的我对乒乓球如痴如醉，但遗憾的是受条件所限并没有接受过专业训练，错失了发展基本功的重要时机。幸运的是，2000年在首都体育学院求学阶段，我遇到了曾主管过张怡宁、郭焱等多名世界优秀运动员的魏力捷老师，师从魏老师系统学习乒乓球理论和技术。

往事如烟，思绪万千。转眼间，从事高校乒乓球教学、训练与科研工作已经18载，我就像一位垦荒者，在一片浩瀚无垠的土地上默默耕耘，孤寂前行。对乒乓球的执著追求与无限热爱，推动着我在教研的道路上不断探索前进。从2009年第一篇学术论文《第29届奥运会乒乓球男单决赛技战术分析》发表以来，十多年来我先后在《吉林体育学院学报》《南京体育学院学报》《中国学校体育》《云南师范大学学报》《杭州师范大学学报》《西北民族大学学报》等刊物，发表了《优秀直板反胶打法运动员马琳步法运用研究》《王皓在奥运会、世乒赛和世界杯中的技战术研究》《从世界排名变化看直拍反胶打法的发展趋势》《新型塑料乒乓球对中国优秀男子运动员张继科技战术变化的影响》《无机胶水对世界乒乓球运动技术发展趋势的影响》《新规则下乒乓球运动员的核心力量训练》《"乒乓精神"的文化内涵》《"轻体育"背景下乒乓球运动"软式化"研究》《日本优秀女子乒乓球运动员平野美宇的打法特点及制胜规律研究》《健康中国背景下乒乓球运动"软式化"发展的必然与应然》《东京奥运会周期我国女乒主要竞争对手伊藤美诚的技战术特征及制胜因素》等一系列乒乓球科研论文20余篇。这些成果涉及乒乓球文化、乒乓球技战术、乒乓球体能、乒乓球步法等诸多方面，为撰写《乒乓球运动原理与制胜规律研究》奠定了基础。我虽是一名基层乒乓球工作者，也无专业的训练背景，更无在世界赛场上争金夺银的经历，但还是希望我的研究成果能够为正确认识乒乓球运动原理和科学把握乒乓球运动的竞技制胜规律添砖加瓦，为中国乒乓球队长盛不衰贡献一点微薄之力。

本书由上下两篇构成，上篇为乒乓球运动原理的理论探索，主要包括乒乓球运动的竞技要素、乒乓球运动的制胜因素、乒乓球运动的打法类型、乒乓球运动员的竞技能力结构和复杂性思维视域下乒乓球运动员竞技能力系统的复杂性五部分内容；下篇为乒乓球制胜规律的定量研究，主要包括我国优秀乒乓球运动员制胜规律的个案分析、日本优秀乒乓球运动员制胜规律的个案分析、新规则对优秀乒乓球运动员制胜规律的影响和乒乓球运动的多元化发展趋势四部分内容。

在我多年的学习和工作过程中，得到了很多领导、老师和学友的帮助，感谢多年来帮助我、支持我、关心我的专家、学者和朋友们，你们的智慧和思路同样融入到了我的著作中，在此谨向你们表示衷心的感谢！另外，人民体育出版社的单颖编辑为本书的出版付出了大量的心血，在此一并表示感谢！

由于笔者水平有限，书中还有一些疏漏，恳请专家和同行提出批评意见。

朱惠平

2022年4月22日

目　录

上篇　乒乓球运动原理的理论探索

下篇 乒乓球制胜规律的定量研究

第六章 我国优秀乒乓球运动员制胜规律的个案分析 / 080

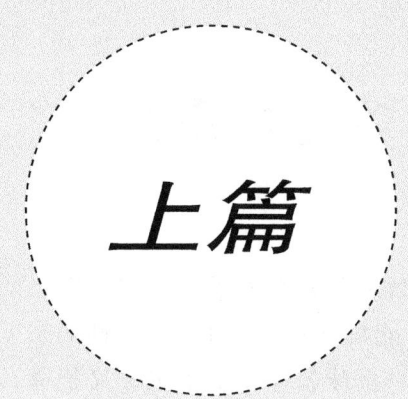

上篇

乒乓球运动原理的理论探索

第一章　乒乓球运动的竞技要素

认识乒乓球运动的制胜规律需要从宏观和微观两方面入手。宏观方面，如一届奥运会、一届世锦赛、一届世界杯怎样才能拿下来，有什么规律性的东西；微观方面，如一场球、一局球、一分球、一板球怎样能拿下来，又把握了什么规律性的东西。乒乓球界有一句名言："这一板球，你不要，全国人民还要。"这就从思想高度上认识了一板球的重要性。认识乒乓球运动的规律也须从一板球开始。一板球是技术，如正手攻球、正手弧圈球、正手削球、反手推挡、反手快带、反手搓球等，要讲究规范、讲究质量。而任何一板球，都包含着5个物理要素，即球经撞击脱拍后，会带有一定的速度、一定的力量、一定的旋转、一条弧线和一个落点。这5个物理要素，决定着一板球的时空特征和运行性状，决定着一板球的质量和制胜分量[1]。从竞技制胜的目标系统分析，可以定义为竞技要素。一板球比什么？就是比这5个竞技要素的发挥水平。可以是比5个竞技要素的单一要素水平，如旋转的强弱或力量的轻重，而更多的是比5个竞技要素的组合水平，如出手快速、力量又重、旋转又强、弧线又低、落点又刁等。

第一节　速度

速度是描述物体运动快慢和运动方向的物理量。速度在乒乓球运动中占据十分重要的地位。20世纪五六十年代我国传统的直拍近台快攻打法就是突出了"快"，依靠速度争取主动，制造扣杀机会，从而战胜对手。在现在，速度依然是乒乓球运动发展的主要方向，也是运动员制胜的重要法宝。速度影响着运

---

[1] 吴焕群，张晓蓬，等. 中国乒乓球竞技制胜规律的科学研究与创新实践［M］.北京：人民体育出版社，2009：33-34.

动员的进步与成功，制约着技术的发挥。因此，要想打好乒乓球，首先就要提高速度并发挥速度的优势。乒乓球的速度主要是指反应速度、动作速度、移动速度和击球速度。

一、反应速度

反应速度是指人体对各种信号刺激（声、光、触等）快速应答的能力。反应速度的快慢主要取决于人的感受器（视觉、听觉）和其他分析器的特征以及中枢神经系统与神经肌肉之间的协调关系。一个没有经过专门训练的普通人反应时间通常为0.2～0.3秒，而一个训练有素的运动员反应速度则能够达到0.1～0.2秒。从乒乓球运动实践的角度来看，运动员在球场上的反应速度主要取决于专项训练水平的高低。专项训练水平越高，运动员神经反射通路的传导速度越快，反应速度则越快；反之专项训练水平越低，运动员神经反射通路的传导速度越慢，反应速度则越慢。

如果说乒乓球运动员对来球的判断是对还没有发生或即将发生的"动作"进行分析、综合的决定过程，那么乒乓球运动员的反应则是对已经做出的"动作"尽快做出决定的过程。由此可见，反应速度是人体感应器（视觉、听觉）实实在在接受到"外界"的刺激，而后效应器做出反应的过程，是乒乓球运动员接受具体"刺激"进行"动作"的第一步，也是至关重要的一步。如果反应速度慢、不及时，则下面的移动速度、击球速度也将无从谈起；如果反应速度快，处处牵制对方，能够保证移动速度、击球速度的快速完成[1]。

二、动作速度

动作速度是指人体或人体某一部分快速完成某一动作的能力。动作速度是技术动作不可缺少的要素，在乒乓球运动中表现为人体完成某一技术动作时的挥摆速度、击打速度和蹬伸速度等，此外，还包含连续完成单个动作时单位时间里重复次数的多少。运动员机体任何部位动作速度的快慢，主要取决于中枢神经系统的功能、引起该部位运动的肌肉力量大小，以及技术动作的合理性。

提高动作速度应与掌握和保持合理的技术动作紧密地结合在一起。合理

---

[1] 张博. 乒乓球技术原理新探 [M]. 北京：人民体育出版社，2004：41-47.

的运动技术必须符合项目运动规律的要求，这样有利于运动员的生理、心理能力得到充分的发挥，有助于运动员取得良好的竞技效果。如果技术动作不合理，中枢神经系统对肌肉系统中主动肌、协同肌、对抗肌的支配不协调，便会影响动作的速度，最终影响运动成绩的提高。反复做某一个规定动作（如正手连续拉球练习）时，应合理变换练习速度。将最高速度与变换速度的练习结合起来，把相对固定（有规格的）的速度练习与变化（无规格的）的速度练习结合起来，避免动作速度稳定在同一水平上，力争让运动员超过平时的最高速度。也就是说，在不断破坏运动员原有的速度感和节奏感的过程中来提高动作速度，一直保持固定的最高时速是很难进一步提升动作速度的。动作速度训练强调训练的质量，充分的准备活动可以使运动员保持一定的神经兴奋性，提高完成动作的质量，避免出现运动损伤。儿童动作速度训练主要集中在技术的合理性及肌肉的合理用力顺序上。另外，还需要注意发展运动器官联结装置附近的肌肉力量，如指关节与腕关节的肌肉力量[1]。

三、移动速度

移动速度包括加速能力、最大速度和速度耐力三部分。移动速度的主要影响因素是单个动作的幅度与动作的频率，即单位时间内完成动作的周期数和每个动作周期在特定运动方向上的位移幅度。这两个因素状况的改善以及它们之间的合理组合是提高移动速度的关键。

从几何学的角度看，现代优秀乒乓球运动员具有不同的体型，身材高大和矮小的都能够取得较好的成绩。身材高大的乒乓球运动员相对于身材矮小的乒乓球运动员而言虽然动作频率慢，但他们击球力量大；身材矮小的乒乓球运动员相对于身材高大的乒乓球运动员虽然击球力量小，但他们具有较快的动作频率。

从生理学角度看：①肌纤维类型。乒乓球运动员的肌肉中如果含有较高比例的快肌纤维，就能够产生快速的、较高功率的收缩，就具有更高的速度潜力。男、女乒乓球运动员不同类型肌纤维百分比是相似的，合理的高强度训练能够募集并改善快肌纤维。②体脂百分比。不同性别的乒乓球运动员体脂百分比存在一定的差异，女子运动员的体脂百分比明显高于男子。无论男女，体质

---

[1] 田麦久，刘大庆.运动训练学［M］.北京：人民体育出版社，2012：147–148.

百分比过低都会对健康产生消极影响。相反过多的脂肪会增加乒乓球运动员的无功能体重，这对加速能力和速度都会产生负面影响。③技术与协调性。没有任何两个乒乓球运动员具有完全相同的动作技术，但是合理的动作技术都应该是相似的。消除过大或过小的动作幅度、缓解肌肉紧张、消除紧张情绪等均可提高加速能力和速度。④力量。力量是影响运动员移动速度的重要因素，机体移动肌肉做功是和肌肉力量分不开的。力量有助于提高动作幅度与动作频率。⑤柔韧性。柔韧性也是影响移动速度的重要因素。没有良好的柔韧性，即使一个力量大、协调性好的乒乓球运动员，其移动速度也不会达到很高水平。大幅度完成动作的能力是提高移动速度的必要条件。

四、击球速度

击球速度是指球落本方台面弹起开始到球被击回落到对方台面上这段时间的速度。加快击球速度，可以从两个方面来实现：第一，缩短弹起与击打之间的时间与距离。乒乓球弹起与击打之间的时间与距离也叫"击球时间间隙"，具体来说这个间隙是从对方将球击到本方台面上落台弹起的一瞬间算起，至本方挥拍还击时球拍触球的一瞬间为止。这个间隙越短，击球速度越快；反之亦然。第二，缩短球拍触球后在空中飞行的这段时间，即从球离开球拍的一瞬间算起，到球落到对方台面上弹起一瞬间为止。这段时间越短，击球速度越快，反之亦然。决定球拍击球后球在空中飞行时间长短的因素有5个：一是本方击球时力量的大小；二是本方击球时速度的快慢；三是本方击球时旋转的性质和强度；四是本方击球时弧线的高低；五是本方击球时落点的远近。通常来说，本方击球时力量大、速度快、上旋性质较强、弧线较低、落点较近等，则球在空中飞行的时间就会短些，反之则长[1]。有研究表明：正手近台快攻击球时间为0.36秒，正手中远台攻球时间为0.54秒，正手拉前冲弧圈球击球时间为0.62秒，正手拉加转弧圈球击球时间为0.74秒[2]。

对于乒乓球的速度，一定要辩证看待。在乒乓球运动实践中，想要依靠速度优势取胜是远远不够的。在有些情况下，甚至还要求运动员刻意降低速度，通过速度的下降改变击球节奏而造成对手的不适应。由此可见，乒乓球的制胜

[1] 张博.乒乓球技术原理新探［M］.北京：人民体育出版社，2004：45-46.

[2] 全国体育学院教材委员会编.乒乓球［M］.北京：人民体育出版社，1999：13-14.

规律不仅仅是单纯地通过大力量、快速度、强旋转取胜，其精髓是不断的"节奏"变换。正是因为击球节奏的变化，造就了不同的速度、力量、旋转、弧线、落点的变化，反过来速度、力量、旋转、弧线、落点的变化又促进"节奏"的改变。所以说，节奏的变化是乒乓球制胜的根本途径。那么，我们应该辩证地看待球速的快与慢，利用各种不同节奏的速度变化使对手不适应，进而取得比赛的胜利[1]。

第二节 力量

力量为运动之源，人体任何形式的运动都必须依靠力量才能实现。在乒乓球运动中，力量不仅是运动员快速移动、完成技术动作的有力支撑，也是运动员加大球的速度、增强球的旋转的基础。进入21世纪，随着乒乓球运动规则的变革（第一，自2000年10月1日起乒乓球的直径由38毫米扩大为40毫米；第二，自2008年9月1日起球拍使用无机胶水；第三，自2016年7月1日起乒乓球进入40+的塑料乒乓球时代），力量在乒乓球运动中显得更为重要。

根据牛顿第二定律可知：$F=ma$，其中F为乒乓球运动员通过球拍对球施加的作用力，m为乒乓球的质量，a为乒乓球在F的作用下所获得的加速度。F是乒乓球产生加速度的原因，同时F与a成正比，即在球的质量不变、运动员使用的球拍重量不变的情况下，乒乓球运动员通过球拍对球施加的作用力F越大，乒乓球所获得的加速度a也就越大；反之，乒乓球运动员通过球拍对球施加的作用力F越小，乒乓球所获得的加速度a也就越小。决定击球力量大小的因素主要有挥拍速度、击球时机和肌肉力量。

一、挥拍速度

在乒乓球运动实践中，球的质量是固定的，乒乓球运动员所使用的球拍质量也是固定的，击球力量的大小主要取决于击球瞬间的挥拍速度。击球时，球拍击球瞬间的速度越快，球拍给球的力量就越大；相反，球拍击球瞬

---

[1] 张博. 乒乓球技术原理新探 [M]. 北京：人民体育出版社，2004：47.

间的速度越慢，球拍给球的力量也就越小。而决定挥拍速度的因素主要有两点：一是挥拍距离，二是挥拍时间。挥拍在由静到动、由慢到快的运动过程中，其速度总是遵循着渐进增加的自然规律。在加速度相同的情况下，挥拍的距离越长，球拍所能达到的瞬时速度就越快，击球的力量也就越大；反之，挥拍的距离越短，球拍所能达到的瞬时速度就越慢，击球的力量也就越小。在挥拍距离相同的情况下，加速的时间越短，球拍所能达到的瞬时速度就会越快，击球的力量也就越大；反之，加速的时间越长，球拍所能达到的瞬时速度就越慢，击球的力量也就越小。最为理想的状态是，乒乓球运动员挥拍的距离要尽可能的大，而挥拍加速的时间要尽可能的短，以寻求击球力量的最大化。但在乒乓球运动实践中，为保证技术衔接流畅、快速，往往要求运动员动作不宜过大（扣杀等技术除外），有时甚至要刻意缩小，可见在合理而适宜的击球距离内尽可能地缩短击球时间是提高挥拍速度、加大击球力量的关键所在。

二、击球时机

决定击球力量大小的因素除了挥拍速度，与击球时机也是密不可分的。而在击球时机中，与击球力量息息相关的因素又有两点：一是击球时期，二是球与人的时空位置关系。乒乓球的击球时期主要分为上升前期、上升后期、高点期、下降前期、下降后期五个不同时期。当乒乓球运动员用相同的力量在这五个不同的时期击球时，其回球的力量明显不同，有时还相差甚远。这是因为在不同时期击球时，球拍给来球的正压力是不同的，正压力越大，反弹力越大。反之，正压力越小，反弹力越小。球与人的时空位置关系不仅决定着击球动作的半径长短，而且影响着击球动作合理与否。乒乓球运动员在转动身体击球时，在挥拍速度相同的情况下，半径越大，击球力量越快；反之，半径越小，击球的力量也就越小。与此同时，乒乓球在人体右前方，运动员最容易发力，技术也最合理；乒乓球如果在人体右侧或者说是右后方，球容易顶住拍，动作技术容易变形，发力也最为困难[1]。

---

[1] 张博. 乒乓球技术原理新探［M］. 北京：人民体育出版社，2004：41-47.

三、肌肉力量

从生物学视角看，影响肌肉力量大小的因素主要有运动单位的动员、肌肉横截面积、肌肉工作的协调性、关节运动角度等。肌肉收缩时产生张力的大小与参与工作的肌纤维数量有关，不同个体肌纤维的募集存在着明显差异，训练水平低的运动员一般只能动员60%左右的肌纤维，训练水平高的运动员可以动员90%的肌纤维参与工作。因此，只要通过高水平的训练，提升了乒乓球运动员肌纤维的募集能力，一般力量素质较差的运动员也能获得较大的击球力量，小块头的优秀运动员比大块头的普通运动员击球力量大也就是这个原因。

肌肉的生理横截面积是决定肌肉力量大小的重要指标。运动训练引起肌肉力量的增加，主要是由肌纤维横截面积增大造成的。在乒乓球运动中，虽然也可以通过增加肌肉横截面积获得更大的击球力量，但不可过度增大肌肉横截面积，因为肌肉越肥大人体自重也越大，这将影响到击球后的还原和重心的快速转换。乒乓球运动员的肌肉横截面积增大到什么程度为宜，目前还没有明确的定论，但避免肌肉过于肥大这点基本形成了共识。

肌肉协调性是指肌肉内和肌肉间工作任务的专一性。肌肉间工作任务的专一性是指在特定的任务下肌肉之间相互作用和激活的形式，主要表现为单关节中主动肌和对抗肌的作用，还有多关节运动中主动、被动、协同及固定肌群之间的协调作用。另外，肌肉的用力顺序也是反映肌肉协调能力的重要指标。在乒乓球运动中，几乎所有击球动作都涉及多关节的运动，动员的肌肉往往不是单一的，因此力量训练要高度重视多关节力量训练，最好是设计全身力量的整体训练。类似于卧推、弯举等孤立腰、腿而进行的专门性上肢力量练习对于发展乒乓球运动员的专项力量作用不是很大。

同一块肌肉在关节的不同运动角度所产生的力量不同，这是因为在不同关节角度时肌肉对骨骼的牵拉角度不同造成的。肘关节角度在100度时，肱二头肌对前臂产生的拉力最大，大于或小于该角度力量均减小。因此，乒乓球运动员在正手击球时，想要获得较大的击球力量，其肘关节的角度应该始终保持在100度左右，过度打开肘关节的角度对于增加击球力量是于事无补的，这一点一定要引起足够的重视[1]。

---

[1]邓树勋，王健，乔德才.运动生理学［M］.北京：高等教育出版社，2005：305.

第三节　旋转

一、旋转产生的原因

运动员在击打乒乓球的时候，一般情况下会存在两种情况：一种情况是击打乒乓球的力的作用线全部透过球的质心，另一种情况是击打乒乓球的力的作用线不透过球的质心，而与球的质心有一定的垂直距离。假如击打乒乓球的力的作用线全部透过球的质心，此时的乒乓球能够将所获得的能量全部转换成向前的动力，而不产生任何旋转。当然，这是一种理论上存在的特殊击球形式。在乒乓球运动实践中，不产生任何旋转的击球方式是不存在的，也就是说所有的击球都带有一定的旋转。但平常我们习惯上把平击发球、推挡球等旋转比较微弱的击球称为不转球。

假如击打乒乓球的力的作用线不透过球的质心，而与球的质心有一定的垂直距离，这个垂直距离叫作力臂。根据力的平行四边形法则，我们可以把力分解为一个法向分力和一个切向分力。法向分力就是通过球质心的分力，它的作用使球前进；切向分力就是球拍给予球的摩擦力，它的作用是使球旋转。由于击打乒乓球的力的作用线与球的质心有一定的垂直距离，以使力矩不等于零，而产生平行于拍面的切向分力是使球产生旋转的根本原因。在乒乓球运动的实践过程中，击打乒乓球的力的作用线与质心的垂直距离越远（即力矩越大），使球产生旋转的切向分力也就越大，摩擦也就越多，球也就越转；击打乒乓球的力的作用线与质心的垂直距离越近（即力矩越小），使球产生旋转的切向分力也就越小，摩擦也就越少，球的旋转也就越弱。

二、旋转的基本轴及种类

乒乓球本身是一个无固定旋转轴的球体，只有当它产生旋转的时候才能出现旋转轴。由于乒乓球不固定而多变的旋转轴，因此可以产生很多种类的旋转。为了便于了解和掌握乒乓球旋转的一般规律，学界将乒乓球划分了三种基本旋转轴和六种基本旋转。一是左右轴及上下旋球，左右轴是通过球心与乒乓球飞行方向垂直的轴，也称为"横轴"。环绕左右轴转动可产生两种旋转，一种是上旋，另一种是下旋。上旋为环绕左右轴向前旋转，下旋为环绕左右轴向后旋转。二是上下轴及左右侧旋球，上下轴是通过球心与乒乓球台面相垂直的轴，也称为垂直轴。环绕上下轴转动亦可产生两种旋转，一种是左侧旋，另一种是右侧旋。左侧旋和右侧旋主要是根据击球者的方位，以球拍触球开始的点为基准来定义的，球拍触球时，向左旋转为左侧旋球；球拍触球时，向右旋转为右侧旋球。三是前后轴及顺逆旋球，前后轴是通过球心与球飞行方向相平行的轴，也称为"纵轴"。环绕前后轴转动也可产生两种旋转，一种是顺旋球，另一种是逆旋球。顺旋球为环绕前后轴按顺时针方向旋转的球；逆旋球为环绕前后轴按逆时针方向旋转的球。

在乒乓球运动的实践中，单纯的上旋球、下旋球、左侧旋球、右侧旋球、顺向旋转球和逆向旋转球都非常少见，只是一种理论的存在形式。几乎所有的上下旋球中都带有一定成分的侧旋或者顺逆向旋转；所有的左侧旋球、右侧旋球也都带有一定成分的上下旋或者顺逆向旋转；所有的顺逆向旋转都带有一定成分的上下旋或者侧旋。但是万变不离其宗，这些旋转球的旋转轴都是左右轴、上下轴及前后轴三个基本旋转轴的偏斜轴[1]。值得一提的是，乒乓球旋转的复杂性主要体现在发球上，运动员往往利用发球不受对方制约这一技术特点，最大限度地制造各种复杂的旋转。不过，当乒乓球经过发球环节进入第二板球之后，旋转就变得简单明了了，大多数情况下就只有上旋和下旋球了。

三、不同旋转球的具体特点

（一）上下旋的特点

击球时，如果运动员向前上方用力，而力的作用线不完全通过球心，球就会绕左右轴向前转动，即乒乓球带着上旋向前飞行。在乒乓球技术中，正反手攻球、拉弧圈球等技术都能使球产生上旋。当乒乓球的旋转性质为上旋时，球体在空中飞行的过程中，除了要克服自身的重量，还要不断受到空气的压力而下降得更快，从而改变弧线的弯曲度，因此有着强烈上旋性质的弧圈球比一般的攻球在下降时下潜的弧度更大、下潜形状也更为明显。上旋球的旋转方向与向前奔驰的汽车轮子相同，因此上旋球落到台面之后会给球台一个向后的摩擦

---

[1] 张博，詹丽来. 乒乓球旋转的技巧 [M]. 北京：人民体育出版社，2001：14-16.

力。根据作用力与反作用力定律，此时球台也会给球体一个大小相等、方向相反的向前的反作用力，借着旋转产生的向前的摩擦力，球的前冲速度被加快。用平挡的方法来触上旋球，可以清楚地看到，乒乓球除了给球拍一定的撞击力，上旋球会往上飞。

击球时，如果运动员向前下方用力，而力的作用线不完全通过球心，球就会绕左右轴向后转动，即乒乓球带着下旋向前飞行。搓球、摆短、劈长、侧切等技术都能使球产生下旋。当乒乓球的旋转性质为下旋时，球体在空中飞行的过程中，不断受到空气上浮力的作用而下降变得缓慢，与此同时下旋球着台后的前冲速度也会变慢。下旋球的旋转方向与向前奔驰的汽车轮子截然不同，因此下旋球落到台面之后会给球台一个向前的摩擦力。根据作用力与反作用力定律，此时球台也会给球体一个大小相等、方向相反的向后的反作用力，借着旋转产生的向后的摩擦力，球的前冲速度被减慢。用平挡的方法来触下旋球，可以清楚地看到，乒乓球除了给球拍一定的撞击力，下旋球会往下掉。

（二）左右旋的特点

击球时，如果运动员用垂直的拍面向左前方用力，而力的作用线不完全通过球心，使球绕上下轴向左旋转，这就是左侧旋球。在乒乓球技术中，发球时制造的左侧旋较为强烈，其余带有左侧旋性质的击球手法所制造的旋转都比较微弱，可以忽略不计。当乒乓球的旋转性质为左侧旋时，由于左侧旋球左侧部的空气压强大，右侧部的空气压强小。所以，左侧旋球在空中运行的过程中会向压强小的右侧偏斜，也就是向对方的左手方向偏斜。左侧旋球的旋转轴是上下轴，正好与台面垂直，因此左侧旋球与台面接触的是旋转最弱的"旋转盲区"，故左侧旋球着台后左旋对台面的侧向作用力可以忽略不计，同时球台给球的侧向反作用力也可以忽略不计，因此左旋球着台后几乎不侧跳，还是沿着对方的左侧方向继续偏斜[1]。用球拍平挡的方式来触球，左侧旋球除了给球拍一定的撞击力，球会向左反弹。

击球时，如果运动员用垂直的拍面向右前方用力，而力的作用线不完全通过球心，使球绕上下轴向右旋转，这就是右侧旋球。在乒乓球技术中，发球制造的右侧旋较为强烈，其余带有右侧旋性质的击球手法所制造的旋转都比较微

[1] 张博，赵世勇，詹丽来.乒乓球前言教程［M］.沈阳：辽宁科学技术出版社，2006：99–102.

弱，可以忽略不计。当乒乓球的旋转性质为右侧旋时，由于右侧旋球右侧部的空气压强大，左侧部的空气压强小。所以，右侧旋球在空中运行的过程中会向压强小的左侧偏斜，也就是向对方的右手方向偏斜。与左侧旋相同，右侧旋球的旋转轴也是上下轴，正好与台面形成垂直，因此右侧旋球与台面接触的是旋转最弱的"旋转盲区"，故右侧旋球着台后右旋对台面的侧向作用力可以忽略不计，同时球台给球的侧向反作用力也可以忽略不计，因此右旋球着台后几乎不侧跳，还是沿着对方的右侧方向继续偏斜。用球拍平挡的方式来触球，右侧旋球除了给球拍一定的撞击力，球会向右反弹。

（三）顺逆旋的特点

击球时，如果运动员完全将乒乓球拍放平，在球的底部由右向左用力摩擦，球就会产生一种由右向左的旋转，由于其旋转方向与钟表时针的走动方向相同，故称顺旋。击球时，如果完全沿前后轴由右向左摩擦，由于球体缺乏前进的动力，因此不能过网。但如果我们把放平的球拍稍微后仰一些，使球拍触动球体底部偏上一点的位置，在由右向左摩擦的同时加一点向前的力量，球就能越过球网落到对方的台面。顺旋球在空中飞行时弧线没有任何变化。顺旋球落到台面之后会给球台一个向左的摩擦力。根据作用力与反作用力定律，此时球台也会给球体一个大小相等、方向相反的向右的反作用力，该力使顺旋球落台后右拐明显。用球拍平挡的方式来触球，顺旋球由于其旋转轴是前后轴，因此其接触球拍的区域是"旋转盲区"，故而顺旋球除了给球拍一定的撞击力，其旋转对球拍的作用可以忽略不计。

击球时，如果运动员完全将乒乓球拍放平，在球的底部由左向右用力摩擦，球就会产生一种由左向右的旋转，由于其旋转方向与钟表时针的走动方向相反，故称为逆旋[1]。击球时，如果完全沿前后轴由左向右摩擦，由于球体缺乏前进的动力，因此不能过网。但如果我们把放平的球拍稍微后仰一些，使球拍触动球体底部偏上一点的位置，在由左向右摩擦的同时加一点向前的力量，球就能越过球网落到对方的台面。逆旋球在空中飞行时弧线也没有任何变化[2]。与顺旋球相反，逆旋球落到台面之后会给球台一个向右的

[1] 张博，詹丽来.乒乓球旋转的技巧［M].北京：人民体育出版社，2001：14-16.

[2] 张博，赵世勇，詹丽来.乒乓球前言教程［M].辽宁：辽宁科学技术出版社，2006：99-102.

摩擦力。根据作用力与反作用力定律，此时球台也会给球体一个大小相等、方向相反的向左的反作用力，该力使逆旋球落台后左拐明显。用球拍平挡的方式来触球，逆旋球由于其旋转轴也是前后轴，因此其接触球拍的区域还是"旋转盲区"，故而逆旋球除了给球拍一定的撞击力，其旋转对球拍的作用可以忽略不计。

第四节　弧线

一、乒乓球弧线的组成部分

（一）第一弧线

第一弧线亦称为击球弧线，指乒乓球被球拍击打出去之后，到落在对方台面为止的飞行路线。第一弧线主要由弯曲度、弧高、打出距离及弧线方向四个要素构成。弧线弯曲度是指乒乓球从脱离球拍开始，到落在对方台面那一点为止，球在空中飞行弧线的弯曲程度，弧线弯曲度与弧高成正比，与打出距离成反比。弧高是指弧线的最高点到乒乓球台面的垂直距离，一般而言弧圈球的弧高较大。打出距离是指击球点在台面（或台面的同一水平线）上的投影至落台点的直线距离，打出距离主要与站位有关，近台击球打出距离相对较短，中远台击球打出距离相对较长[1]。弧线方向是指乒乓球从脱离球拍开始，到落在对方台面那一点为止，球体在空中运行轨迹的指向，第一弧线的方向主要指向左或右，其左右以击球者为基准。

（二）第二弧线

第二弧线亦称为弹跳弧线，指乒乓球从对方台面弹起之后，直到碰触到球拍或者落到地面为止的这段飞行路线。第二弧线主要由弹出距离、弹出弧高、弹出方向三个要素构成。弹出距离是指乒乓球从对方球台弹起之后，直到碰触

---

[1] 苏丕仁. 现代乒乓球运动教学与训练［M］. 北京：人民体育出版社，2003：60-65.

到球拍或者落到地面为止的水平距离。弹出距离分绝对距离和相对距离，弹出的绝对距离是指球从对方球台弹起之后，直到落地为止的水平距离。弹出的相对距离是指球从对方球台弹起之后，直到碰触到对方球拍的水平距离。绝对弹出距离主要受击球力量、击球手法、击球弧线等因素的影响，而相对弹出距离主要与对方还击的站位有关，如果对方站的近那么弹出距离就短，反之则长。弹出弧高是指乒乓球从对方台面弹出之后的弧线的最高点到台面的垂直距离，弹出弧高在一定程度上直接影响击球的质量，弹出弧高越大对方越容易进攻，弹出弧高越小对方越不容易进攻。弹出方向指乒乓球从对方台面弹起之后，直到碰触到球拍或者落到地面为止，球体在空中运行轨迹的指向。弹出方向主要有向前、向后、向左、向右四个方向。

二、影响弧线的因素

（一）球的旋转性质对弧线的影响

在乒乓球运动中，最为基础的旋转主要有上旋、下旋、左侧旋和右侧旋四种。运动员在击球的时候，上旋可以增加第一弧线的弯曲度，增大第二弧线的飞行速度，减小第二弧线的弹跳高度；下旋可以减小第一弧线的弯曲度，有效缩短第二弧线的弹出距离，但是能够增加第二弧线的弹出弧高；左侧旋可以使第一弧线和第二弧线都向右偏斜，而右侧旋则可以使第一弧线和第二弧线都向左偏斜[1]。

（二）乒乓球脱离底板时的角度对弧线的影响

乒乓球脱离底板时的角度是指在运动员击球的过程中，球脱离球拍时与水平面所形成的夹角。在球的旋转性质、球出手时的速度以及击球的力量等因素不变的情况下，乒乓球脱离底板时的角度越大，弧线就会越高，打出的距离也会越长。反之，在其他因素不变的情况下，如果乒乓球脱离底板时的角度越小，弧线就会越低，打出的距离也会变得越短。

[1] 苏丕仁.现代乒乓球运动教学与训练［M］.北京：人民体育出版社，2003：65.

（三）乒乓球出手时的速度对弧线的影响

乒乓球出手时的速度是指乒乓球经过击打脱离球拍时的初速度。在球的旋转性质、球脱离球拍时的角度以及击球的力量等因素不变的情况下，乒乓球出手时的速度越快，弧线就会越高，打出距离也会越长。反之，在其他因素不变的情况下，如果乒乓球出手时的速度越慢，弧线就会越低，打出的距离也会变得越短。

（四）击球力量对弧线的影响

击球力量是指运动员通过挥拍作用于球的力。在球的旋转性质、球脱离球拍时的角度以及球出手时的速度等因素不变的情况下，乒乓球的击打力量越大，弧线就会越高，打出距离也会越长。反之，在其他因素不变的情况下，如果乒乓球击打的力量越小，弧线就会越低，打出的距离也会变得越短。自2016年7月1日使用"40+"的新型塑料乒乓球之后，乒乓球的速度和旋转都有所下降，与此同时击球弧线的高度与打出的距离也都受到了明显的影响，运动员想要获得与原来相同的击球弧线就必须进一步增加击球力量。

三、合理制造击球弧线的作用

（一）制造合理的第一弧线是保证击球准确性的前提

制造合理的第一弧线是保证击球准确性的前提条件，因此，理想效果的还击应该根据来球的旋转性质、击球手法等因素选择不同的第一弧线。比如，还击近网低球时，弧线一定要高，打出距离一定要短；而还击近网高球时，弧线可以低一些，甚至不要弧线，直接挑打或扣杀。还击远台低球时，弧线一定要高，打出距离也一定要长，通过制造合理的大弧线上台；还击远台高球时，就没有必要刻意制造弯曲度较大的弧线了，直接进攻即可。

（二）在控球时争取降低回球第一弧线，增加对方击球的难度

在乒乓球比赛中，当被对手牢牢地控制住无法进攻或无法发动有效进攻时，我们大多采用摆短、劈长、搓球、削球等技术控制对方上手，这时候的回球特别强调弧线一定要低。一般来说，回球的弧线越低，对方发动进攻的难度越大；回球的弧线越高，对方越容易发动有效进攻。

（三）在进攻时主动加大击球的第一弧线，提高攻击的准确性和威胁性

在弧圈球出现以前，进攻主要是依靠速度和力量。运动员在进攻的时候，为了追求更好的制胜效果一般会不断加大击球的速度和力量。同时，为防止击球出界，还会尽量压低弧线。单纯依靠速度和力量进攻有两个问题：一是当来球比网低时就无法发动进攻，攻击受阻；二是进攻的弧线一定要掌握精准，否则极易出界或沉网。为了提高进攻的准确性和威胁性，人们发明了弧圈球，通过强烈的上旋加大了进攻弧线的弯曲度，使准确性与威胁性有机地统一了起来，而且扩大了进攻的范围。弧圈球的出现使得弧线受到了前所未有的重视，人们总是想方设法通过制造弧线来达到进攻的目的。在现代乒乓球中，无论是比网高的球还是比网低的球，都可以通过弧圈球——即制造弧线发动进攻。近年来随着弧圈球的进一步成熟和完善，就连近网短球也都可以通过制造弧线达到进攻的目的，真正做到了全台进攻无死角。

（四）充分利用向左、向右偏斜的弧线干扰对方还击的准确性

在乒乓球比赛中，为了干扰对方击球的准确性，增加还击的难度，不少选手在击球的过程中往往都会制造向左或向右偏斜的弧线。其中，王皓的直拍横打就是最典型的例子，其直拍横打非常显著的一个特点就是带有较大的侧拐，让对手很难适应。另外，马龙、张继科、许昕在正手对拉的过程中弧线的侧拐都十分明显，这也有效地干扰了对方还击的准确性。

第五节　落点

一、落点及其相关概念

击球落点是指将球击到对方球台的着台点。在乒乓球的实践中，很难要求运动员的击球点精准到某一点上，而大多是将球击到一定的范围，这个范围就叫作击球区域。击球区域大体可以分为三类：第一类是近网短球，即击球落点大约在距离球网40厘米以内；第二类是底线球，即击球距离大约在距离球台端线30厘米以内；第三类是追身球，即击球落点直逼向对方身体的球，特别是指击到对方持拍手一侧腋下的球。控制好击球落点对提高技术质量、加强战术效果具有重要意义。

击球路线是指乒乓球从脱离球拍到球落在对方台面的着台点之间的连线。最基本的击球线路有五条，分别是右方斜线、左方斜线、右方直线、左方直线和中路直线。在乒乓球比赛中，运动员常用"变线"技术给对手回球制造困难。所谓"变线"就是指一方运动员打一个斜线球，而另一方回一直线球；或一方运动员打直线，而另一方回斜线。前一种变线叫作斜线变直线，后一种变线叫作直线变斜线。"变线"可以在本方球台的左方进行，也可以在本方球台的右方进行；可以用正手变线，也可以用反手变线。"变线"无论是直变斜还是斜变直，都能够迫使对方不得不从正手改反手击球，或是从反手改正手击球。如果对方是侧身攻斜线，还击时回一个直线，这样的变线还可以扩大对方的移动范围，进一步增加其击球的难度，起到调动对方的作用。突然性的"变线"还可以偷袭对方空当，直接得分。

除此之外，值得一提的是在乒乓球比赛中谁"先变线"，谁就有可能取得主动，甚至是直接得分，"先变线"对于掌控比赛至关重要。有人对李晓霞、丁宁、刘诗雯在2009—2012年间共30场比赛进行录像观察分析，在所获得的135470项有关击球站位、击球技术、击球落点、击球效果、击球线路等技术数据的基础上，从"先变线"的角度进行研究，结果表明：①刘诗雯"先变线"的比率明显高于其他选手"先变线"的平均值，而李晓霞"先变线"的比率明显低于其他选手的均值。从"先变线"的总体得分效果来看，刘诗雯与丁宁"先变线"的得分效果明显高于李晓霞。②三名选手变线的时机均集中在接抢与发抢阶段；李晓霞更倾向于在近台中区与近台正手区"先变线"，而刘诗雯与丁宁更多地在近台反手区"先变线"；李晓霞只有发抢阶段"先变线"的得分率较高，而刘诗雯在发抢与接抢阶段"先变线"的得分率都很高，而相持阶段"先变线"的得分率较低；刘诗雯台内球"先变线"的效果明显比李晓霞与丁宁好，而李晓霞与丁宁在近台正手区与中区"先变线"的得分效果较好。由此可见，在发抢段、接抢段以及相持段都可以"先变线"，正手位、反手位、中路来球也都能"先变线"，只要积极主动地"先变线"就能争取到掌握比赛主动权的机会，有时候"先变线"甚至能直接得分[1]。

二、乒乓球运动员对击球落点的判断

在体育运动领域，所谓的判断通常是指对从各个不同方面获得的各种刺激信息进行整体综合分析的过程。在乒乓球运动中，对击球落点的判断是指运动员首先通过对真实比赛情境的观察，然后利用感觉通道来感知各种情境信息，接着借助自己在日常训练和比赛中积累到的经验来综合分析来球落点的一个过程[2]。

（一）运动直觉决策在判断中的应用

运动直觉决策（motor intuition）是指在运动情境中，运动员根据有限的线索信息，利用自己已经获得的运动知识和经验，迅速地对运动中出现的各种事物和现象以及它们发展的结果做出识别和判断。过去，在行为情境中的无意识控制决策被认为具有不确定性，并且是通过直觉进行的。直觉决策已经在许多领域得到应用，如社会生活领域、商业领域等，现在直觉决策在体育运动中也得到了应用。在一些开放性运动中，特别是在对抗性运动项目中，当运动员面临巨大的时间压力，需要快速做出反应的时候，通常会使用直觉决策。通过先

[1]屈子圆.中国优秀乒乓球女单选手"先变线"的技战术分析[J].北京体育大学学报，2016，39（5）：92-95.

[2]石陈兰.乒乓球运动员落点预判的启动效应研究[D].上海：上海体育学院，2015：4.

前的研究，研究者们认为直觉决策具有活跃性、不费力、快速、无意识控制、自动触发，以及对动作情境高度敏感等特征。在体育运动中，运动员可以对感知到的对手或自己队员的运动序列成功地执行运动反应，但是运动员却不能辨别任何特定的触发刺激。

（二）判断发球落点过程中的视觉搜索眼动特征

（1）对乒乓球的落点进行预判或预测的过程中，运动员的视觉搜索活动存在自上而下的信息加工方式。

（2）运动经验在专项运动情境下引领视觉搜索活动，能更快地搜索并提取有效信息，从而提高运动的反应速度。

（3）乒乓球运动员视觉搜索采用眼跳距离短、注视点多、注视时间短的搜索模式。

（4）乒乓球运动员对发球进行判断的过程中，信息来源的区域主要集中在发球队员的头部、球拍、手腕等部位[1]。

三、通过变换练习法，有效提高运动员对落点的控制能力

变换练习是指在练习某一类运动技能时，增加任务环境和技能实现方式的变化。与之相对应的是固定练习，即在一个相对固定的任务环境下重复同一个动作。固定练习有助于巩固某个动作技术结构，而变换练习有助于提高运动技能对环境变化的适应性。对于开放性运动技能，多数研究认为变换练习比固定练习更有效，这一现象可以通过 Schmidt 的图式理论解释[2]。

基于信息加工的人类运动技能控制理论认为，在极短时间内完成的运动技能主要受开放环路的控制，即运动程序控制，也就是个体从长时记忆中提取相应的运动程序，程序所包含的指令通过神经肌肉的协调运动完成技能动作，

[1] 李安民，李晓娜. 乒乓球运动员发球落点判断过程中视觉搜多的眼动特征 [J]. 上海体育学院学报，2011，35（2）：12-15.

[2] 顾楠，黄睿. 变换练习法提高乒乓球运动员击球落点控制力的实验研究 [J]. 上海体育学院学报，2017，41（2）：91-94.

其间无须反馈的调节[1]。在乒乓球运动中，由于每次来球的方向、力量、旋转、弧线、落点等均不同，因此运动员击球时中枢系统调用了概括化的运动程序（GMP）以及相应的运动参数。Schmidt 的图式理论认为，个体在练习某一特定类型的运动技能时，他们在长时记忆中储存了肌肉活动与动作结果之间的函数关系或规则，即图式，包括GMP编码和特定的参数[2]。同一个GMP结合不同的运动参数就可以完成不同环境下的同一类动作。GMP的建立是实现技能迁移的必要条件。研究发现，变换练习有助于 GMP 的形成[3]，而固定练习不利于运动图式的建立。

变换练习法是用于乒乓球击球落点准确性训练的一种常用方法，比如，在练习中设置多个落点的击球目标可以有效提高运动员的击球落点质量，但是，对于球台角的落点练习，仍缺少有效的训练方法。在实战中，台角落点通常会对对手造成较大的威胁。由于受乒乓球规则限制，球出台就算失误，运动员在缺少把握的情况下，往往趋于保守而不敢将球击到角上。根据上述图式理论，将变换练习法用于提高运动员将球击到台角的技能水平，不仅需要在较近处设置一个落点目标，还要在较远处设置一个落点目标。尽管较远的目标已在台外，但是在练习中有意识地将球打到台外较远的目标，则有助于运动员感知击球力量和球落点的关系，促进该运动图式的建立，提高击球技能运动程序的牢固性[4]。

［1］Schmidt R A，Lee T D. Motor control and learning：A behavioral emphasis（4th ed.）［M］. Champaign，IL：Human Kinetics，2005：32-48.

［2］Schmidt R A. A schema theory of discrete motor skill learning［J］. Psychological Review，1975，82：225-260.

［3］Shapiro D C，Schmidt R A. The schema theory：Recent evidence and developmental implications［M］. In J A S Kelso，J E Clark（Eds.）. The Development of Movement Control and Coordination. New York：Wiley，1982：130-164.

［4］顾楠，黄睿. 变换练习法提高乒乓球运动员击球落点控制力的实验研究［J］.上海体育学院学报，2017，41（2）：91-94.

第二章　乒乓球运动的制胜因素

　　研究和把握乒乓球竞技最高层面上的制胜规律，就是研究一分球、一局球、一场球的制胜因素。一分球的争夺往往在两板以上，除依靠速度、力量、旋转、弧线和落点五个竞技要素之外，更依赖于战术的应用，如发球枪攻、接发球抢攻、搓攻、拉攻、拉中爆冲、调右压左、削中反攻等。一场球的争斗，有开局、中局和尾局；有领先，有落后；还有比分胶着交替上升。开局有开局的控制与反控制的招数，相持有相持攻防转换的办法，领先怎么打，落后如何搏，充满了斗智斗勇，充满了气势和胆略。一场球的胜败，有拼实力展示各自技术、特长的全面打法，也有扬长避短、抓住战机，以弱胜强的打法等[1]。究竟是什么内在的规律左右着以上的情境呢？那就是制胜因素。

第一节　制胜因素的科学内涵及辨证关系

　　制胜因素与竞技要素既有区别又有联系，制胜因素与竞技要素的不同点是：制胜因素属于心理学范畴、战术范畴，需要依靠主观感知，难以量化。而竞技要素属于物理学范畴、技术范畴，是客观存在，可以量化。制胜因素与竞技要素的联系是：制胜因素是在速度、力量、旋转、弧线和落点五个物理竞技要素的经验基础上抽象出来的概念，是对事物的本质的认识。通过对竞技要求的不断总结和提炼，我们将乒乓球运动的制胜因素概括为"快""狠""准""变""转"，每一个字都是一个相对的概念，都具有丰富的文化内涵，都充满了技术与智慧的成分[2]。比如制胜因素中的"快"，是从竞技要素"速

---

[1] 国家体育总局《乒乓长盛考》研究课题组. 乒乓长盛的训练学探索 [M]. 北京：北京体育大学出版社，2003：9.

[2] 吴焕群，张晓蓬，等. 中国乒乓球竞技制胜规律的科学研究与创新实践 [M]. 北京：人民体育出版社，2009：37.

度"中抽象出来的概念，但"快"与"速度"还是有一定的区别，速度是一个纯粹的物理要素，而制胜因素中的快是一个相对概念，是一种临场比赛的感觉体验。众所周知，从乒乓球竞技要素的角度去看10m/s的球速绝对比5m/s的球速要快，但在拉长后吊短的战术应用中，5m/s的放短球比10m/s的连续拉球要"快"，更能让对手手忙脚乱，这说明制胜因素受现场情境影响，绝不能简单地将乒乓球竞技要素直接转换为制胜因素，对制胜因素的把握需要辩证思维。

一、"快"的内涵

"快"是争取主动、制造扣杀机会及直接得分的重要手段。特别是在旋转与速度之争越来越激烈的今天，近台快攻打法必须具有更快的速度，才能在国际比赛中继续保持优势。在物理学中，速度是指物体在单位时间内所通过的路程，单位时间内所通过的路程越远，则速度越快。而我们常说的攻球"速度"，却是乒乓球界的一个术语，它与物理学中的速度概念是不相同的。例如杀高球时，球出手后的飞行速度在物理学上是快，但在乒乓球领域我们通常把这样的球叫作"力量大"，而不一定叫作"速度快"；而在近台快速对攻时，即使借力攻球，人们也会说"速度快"，但球的实际飞行速度（物理学速度）与扣高球相比，显然是要慢得多，这就充分说明我们常说的攻球速度与物理学中的速度概念是不相同的。即乒乓球运动中的快是一个辩证关系，而非绝对速度。换言之，击球之后如果对手感觉不到快，球的物理学速度再快也不是快；击球之后，如果对手手忙脚乱、无暇应对，球的物理学速度再慢也是快[1]。

二、"准"的内涵

"准"包含两层意思，一是命准率高，二是落点准，包括了技术质量要素中的"准确"（命准率）和"落点"两个方面。命中率高只能说明失误率低、成功率高，而落点准确可以打击对手的薄弱环节，能迫使对手降低还击质量或直接失误，可见命准率高与落点精准相比，后者具有更为积极的作用与意义。

---

[1] 张惠钦，等.论乒乓球快攻 [M].北京：人民体育出版社，1987：61-73.

因此，如果把"准"仅理解为命准率，那就比较片面，也比较消极。

三、"狠"的内涵

"狠"即力量大或板头重，它主要是指遇到机会球时可以用力量制胜的能力。力量大、出手"狠"者常可在遇到机会球时一板解决问题，而力量小、下手轻者在遇到机会球时常会因连攻数次不能取胜而错失良机。凡在攻打机会球时板头凶狠、手上功夫较深的运动员，在攻打非机会球时，一般来说板头分量也不轻，对对方威胁较大，容易变被动为主动。因此，我国乒乓球界历来都把板头的轻重视为运动员基本功深浅和技术水平高低的重要标志之一。另外，由于在攻球时，力量的发挥主要是使球获得飞行速度，故而要想知道这一板打得狠不狠，最主要的是看一看球出手后的飞行速度有多快，这是一个绝对值。当然我们也可以将球的质量考虑进去，即看一看球出手后的动量有多大[1]。

四、"变"的内涵

"变"即变化，是乒乓球比赛中最为重要的制胜因素，是运动员临场应变乃至运动智能的集中体现。变得快、变得好、变得妙就能扬长避短、以弱胜强，四平八稳、一成不变可能处处受制于人。乒乓球的变化主要表现在五个方面：一是有较灵活的落点变化，以调动对手；二是有一定的旋转变化（包括旋转方向和强度），以增加对方回球时的难度；三是有适当的手法和打法变化，将拉、攻、扣等灵活地结合起来，并配以多变的发球、搓球和推挡，使对方难以适应；四是适当变换球拍的击球面（即倒拍），以改变球的性能，进一步增加对方的回球难度；五是有适当的节奏变化，以扰乱对方的节奏。

五、"转"的内涵

"转"即旋转，是乒乓球运动中最为复杂的一个竞技要素，同时也是克

---

[1] 张惠钦，等. 论乒乓球快攻 [M]. 北京：人民体育出版社，1987：61~73.

敌制胜的一个重要法宝。当球拍和球接触时，球拍对球的作用力不通过球的质心就会给球以摩擦力。球拍和球之间的摩擦力有滑动摩擦力、滚动摩擦力、动摩擦力、静摩擦力等。加强旋转的方法在于增大静摩擦力，而静摩擦力的大小主要与以下三点有关：一是击球时，使力的作用线远离球心，使力臂得到增大，以增加摩擦力；二是加大挥拍击球的力量，使拍对球的摩擦作用得到增强；三是选用黏性较好的球拍，以利于增大球的摩擦力。

六、制胜因素的辩证关系

决定乒乓球技术质量的诸要素构成了一对对矛盾，既对立又统一。虽然不同的技术对决定技术质量的诸要素可以有不同的侧重，但对其他的要素亦应有所兼顾，绝不可以偏废。比如，快攻、快拉时如果能在提高速度和讲究落点的前提下适当增大击球力量，那么对方回击时就会感到比较困难。再比如，大力扣杀虽然是以增大击球的力量为主，但若一点儿也不讲究落点，总是打到对方的"手上"，那么大力扣杀造成的威胁就会减小。这里还需要特别提出的是决定乒乓球技术质量的诸要素既是相互联系、相互促进的，又是相互影响、相互制约的。比如力量和速度，一般来说如果攻球力量小，那么球速就会慢，因此想要提高快攻的速度，就必须提高击球的力量，这就是力量和速度之间的相互联系和促进。但是，当攻球力量达到一定阈值时，继续增加攻球力量会影响到挥拍的速度，进而导致攻球速度的下降，这就是力量和速度之间的相互影响和制约。力量与落点、速度与旋转等，其他技术要素之间的关系大致也是这样，在此不再一一列举。正是由于速度、力量、落点、旋转及准确之间存在着既相互联系、相互促进，同时又相互影响、相互制约的关系，所以每打一板球时都要注意处理好这些关系。一般来说，由于诸技术要素之间具有相互影响和制约的关系，所以在打每一板球时，要想使诸要素俱佳是极其困难的，故可根据自身情况有所偏重[1]。总而言之，"快、准、狠、变、转"这五个方面是辩证的统一体，它们互相联系、互相制约。

---

[1] 张惠钦，等.论乒乓球快攻 [M].北京：人民体育出版社，1987：61-73.

第二节　制胜因素的发展与演变

一、20世纪60年代的"快""准""狠""变"

1961年4月4—14日，第26届世界乒乓球锦标赛在北京举行，本次比赛吸引了五大洲30多个国家和地区的200多位优秀乒乓球选手参加。在这一届世界乒乓球锦标赛上，中国乒乓球队获得了男子团体世界冠军。庄则栋获得了男子单打世界冠军，再次蝉联男单冠军；邱钟惠首次问鼎女子单打世界冠军。可以说这一届世界乒乓球锦标赛是我国乒乓球队成长壮大的一个里程碑，也是世界乒乓球运动的一个转折点。一些西方媒体曾赞誉："中国结束了五十年代日本称霸乒乓球坛的地位，执掌了世界乒乓球运动的牛耳。"究其原因，是我们对乒乓球的制胜因素有了更多科学合理的认识，形成了较先进的技战术风格。在乒乓球比赛中，双方运动员的制约与反制约、控制与反控制，最终是通过击球的速度、力量、旋转、弧线和落点这五个物理要素来实现的；双方运动员的技术、战术和心理活动状况，最终都要从击球的时间和空间特征中表现出来。通过对乒乓球竞技特点的长期实践摸索，20世纪60年代，我国乒乓球界总结出了"快""准""狠""变"四字制胜因素，并逐步形成击球速度快、落点准、力量大、变化多的技术风格。

二、20世纪七八十年代的"快""准""狠""变""转"

20世纪70年代初，在亚洲乒乓球运动快速发展的时候，欧洲乒乓球正处于探索和动荡阶段，他们从失败和挫折中不断总结经验教训，在学习并发展了日本的弧圈球技术之后，又汲取了中国近台快攻打法的养分，创造了适合欧洲人的以弧圈球为主结合快攻和以快攻为主结合弧圈球的两种先进打法。这两种打法的特点是旋转强、速度快，能拉能打，低拉高打，正反手都能拉弧圈球，回球威胁较大，把乒乓球技术推到了一个新的历史水平[1]。

---

[1] 陈德林.中国乒乓球制胜技术风格的演变与基础训练对策[J].吉林体育学院学报，2006，（23）

1：48–49.

面对欧洲弧圈球强烈的旋转，我们的传统快攻打法很难发挥出技术特长来，一味强攻导致无谓失误增多，处处受制于人。中国的传统直拍快攻打法怎么办？为此，乒乓球界展开了激烈的讨论，归纳起来有两类。一类是你打你的，我打我的。欧洲选手进步了，我们的直拍还是要坚持"快""准""狠""变"的指导思想，苦练对付弧圈球的本领，功到自然成。听起来很有道理，但谁都清楚难度相当之大，且欧洲打法还有上升空间。另一类是直拍快攻打法，过去曾经领先，但是如果你不发展、不进步，就可能落后，最后甚至被淘汰。所以应该把弧圈球这个先进技术学来，丰富自己，更上一层楼。要在"快""准""狠""变"的后面加上一个"转"字。徐寅生是第二类主张的先行者。别小看是简单地加一个"转"字，在乒乓球界看来却是很大的事情。反对的有，告状的有。最后，通过不断争论、实践、摸索和总结，中国乒乓球队统一了思想，在坚持原有的"快""准""狠""变"的技术风格上，增加一个"转"字，即"快""准""狠""变""转"，紧跟世界乒乓球运动发展的步伐，同时也丰富了传统打法[1]。

增加了一个"转"字，实际上是为我国乒乓球技术的发展指明了方向。在不长的时间里，中国选手掌握了使用正胶（含生胶）海绵拍拉上旋球技术，又创新了使用反胶海绵拍的快攻打法。站位近、动作小，以撞击球为主的传统快攻技术也得到了进一步发展，结合正手抢拉弧圈球以摩擦为主的拉打，充分发挥了上手快、击球点广、攻防转换快的威力，丰富和完善了近台快攻打法的内容，形成了快速、准确、凶狠、多变、旋转较强的技术风格。

三、20世纪90年代的"特长突出、技术全面、无明显漏洞"

进入20世纪90年代，欧洲乒乓球运动员经过20多年的摸索，终于把速度和旋转非常完美地融合在了一起，形成了"打法凶狠、技术全面、争抢主动、突击正手"的技术风格和特点，比我国传统近台快攻打法的指导思想"快""准""狠""变""转"更加先进[2]。而在这一时间段中，中国乒乓球经历了一段困难时期，主要原因是我们缺乏创新，没有制胜法宝，为了使男队尽

［1］徐寅生，金大陆，吴维.乒乓球运动的创新之路——《徐寅生口述历史》选登采编［J］.体育与科学，2016，31（1）：4-8.

［2］陈德林.中国乒乓球制胜技术风格的演变与基础训练对策［J］.吉林体育学院学报，2006（23）1：48-49.

快走出困境、女队摆脱困扰，中国乒乓球队经过认真思考，总结出了"特长突出、技术全面、无明显漏洞"的技术指导思想。在乒乓球技术发展指导思想体系中，"特长突出、技术全面"具有承上启下的作用，这是对乒乓球竞技要素"快""准""狠""变""转"的高度抽象和概括[1]。

所谓"特长突出"是指在运动员所掌握的特定打法中，各项技术不是完全均衡地向前发展，而是拥有一些在比赛中对得分制胜有决定意义，在实践中成为使用率和得分率最高，同时其精准程度又高于其他技术的一些手段。与欧洲运动员相比，中国运动员特别注重前三板技术的训练，努力使发球、发球抢攻技术成为每个进攻型运动员的特长技术，使前三板技术成为中国队克敌制胜的重要法宝。所谓"技术全面、无明显漏洞"是指运动员根据自身打法的特点，全面掌握各项技术[2]。既能对付攻球，又能对付削球。擅长进攻的必须具备一定的防御能力，擅长防守的必须具备一定的进攻能力等。只有在技术上做到没有明显的缺陷，比赛中才不会被对手盯住自己的弱点，才能发挥自己的特长技术。

"特长突出"与"技术全面"是一对矛盾体，从马克思辩证唯物主义矛盾论看，"特长突出"是矛盾的特殊性，也是这对矛盾的主要方面；"技术全面"是矛盾的普遍性，是这对矛盾的次要方面。两者之间是相互联系、对立统一的关系。乒乓球运动员要想在训练中获得较好的训练效果，在比赛中取得较好的成绩，就必须处理好两者之间的关系，解决好这对矛盾。根据矛盾的普遍性和特殊性原理，在解决矛盾时，必须紧紧抓住矛盾的特殊性——特长技术来解决。只有抓住那些对得分制胜具有决定意义的技术反复磨炼、精益求精，力求使其成为特长，这样比赛时才会心中有数。同时，矛盾的特殊性又离不开普遍性，即"特长突出"也离不开"技术全面"，否则无所谓"特长突出"[3]。

[1] 郭仲熙，张瑛秋，吕林.女子优秀青少年乒乓球运动员训练方法改革的探索 [J].中国体育科技，2005，41（6）：24.

[2] 邱钟惠，庄家富.现代乒乓球技术的研究 [J].北京：人民体育出版社，1982：308-309.

[3] 徐君伟，周燕.对特长突出、技术全面指导思想的再认识 [J].中国新技术新产品，2009，15：247-248.

四、21世纪的"技术精炼、全面、没有盲区与凶、拼、抢、搏"

进入21世纪后，国际乒联大刀阔斧地对乒乓球规则进行了修改。首先，自2000年10月1日起把乒乓球的直径由38毫米扩大到40毫米，改用40毫米的大球后，乒乓球的平均速度下降了13%，平均旋转降低了21%[1]。其次，自2001年9月1日起乒乓球比赛由原来的21分制缩短为11分制，比赛的偶然性急剧增大。最后，自2002年9月1日起采用无遮挡发球，接发球的难度大幅下降，导致中国乒乓球队前三板的优势不再明显。面对国际乒联的改革，中国乒乓球队要想继续保持长盛不衰，就必须紧跟时代步伐，有突破、有创新。为此，蔡振华在全国乒乓球教练员会议上指出，从奥运会比赛的实际情况看"积极主动、特长突出，技术全面，没有明显漏洞"及"前三板上手快、相持攻防转换快"仍然是乒乓球竞技发展的总体趋势，"凶、拼、抢、搏"和"技术精炼、全面、没有盲区"是新形势下乒乓球运动呈现出的新特点[2]。

当今乒乓球运动的发展已促使比赛进入了技术、战术、身体、心理等全面对抗的阶段。新规则实施后，更加剧了这种对抗的激烈程度，"凶、拼、抢、搏"已成为新形势下的制胜特点[3]。所谓"凶"就是指一上场就"凶"字当头，打出自己的特长，抑制对手的发挥，先下手为强；所谓"抢"就是指前3板要力争主动，抢先上手，先声夺人，形成威胁；所谓"拼"就是指在相持阶段或攻防转换中，过渡球要少，一定要强调转攻的速度，要具备在被攻中实现强转换的能力；所谓"搏"是指在相持球、关键球、生死球时不仅敢于搏杀，具有一拼到底的战斗作风和心理承受能力，而且要有较高的"搏杀"成功率、得分率[4]。

[1]张晓蓬，吴焕群.40mm乒乓球对比赛状态的影响[J].天津体育学院学报，2000，（15）3：65-66.

[2]郭仲熙，张瑛秋，吕林.女子优秀青少年乒乓球运动员训练方法改革的探索[J].中国体育科技，2005，41（6）：24-27.

[3]戴临中.实行新规则后对乒乓球基础训练的思考[J].体育科学，2005，25（7）：85-86.

[4]陈德林.中国乒乓球制胜技术风格的演变与基础训练对策[J].吉林体育学院学报，2006，（23）1：48-49.

第三章 乒乓球运动的打法类型

在乒乓球运动中，不同的运动员技术风格迥异，打法类型各有千秋。打法类型指的是某一特定运动员将乒乓球的竞技要素和制胜因素以最经济有效的方式组合在一起所表现出来的特征。所谓经济有效，是指运动员因个人特点不同（如身高、体重、性格等）而更适合于某一种特定打法，倘若打法选择不正确，竞技要素和制胜因素的组合则不易在这一特定运动员身上获得最大成效。此外，乒乓球运动员究竟选择哪种打法会有许多制约条件。比如运动员的个人兴趣，当前乒乓球的主流打法，运动员的气质、神经类型，运动员的体型特征和身体素质，运动员已有的技术质量及技术组合的雏形、趋势，教练员的专业水平及主导作用等。这些往往都是决定运动员选择某种打法的重要因素。打法选对了，运动员就会少走弯路，在有限的训练周期内取得最大的成效；反之，则收效甚微。

乒乓球的打法类型众多，不同的打法类型有不同的技术风格和竞技特点，当然不同身体特征、性格特点的运动员也适合不同的打法。虽然观察和总结一个运动员的打法类型比较容易，但是判断这一打法类型是否适合这一运动员则比较困难，即确立该运动员采用的打法能否将竞技要素和制胜因素最经济有效地组合到一起难度较大。由于乒乓球运动的隔网性、技巧性和复杂性，因此很多隐性的影响因素难以察觉，故而给运动员建立正确的打法带来不小的难度。所以，教练员和科研人员的职责就在于把各种打法分门别类，然后给不同的运动员设计适合自身的、比较科学化的打法，以促进早出成绩、快出成绩。研究和区分乒乓球各种打法类型，是为了在研究不同选手各具特色的打法基础上，归纳出它们之间寓有的共同规律，使我们的认识由特殊到一般。在认识了各种类型打法的共同规律之后，再以这种认识作指导，进入到由一般到特殊的过程，继续深入研究各个具体打法的特殊规律，以求认识不断深化，球艺不断提高[1]。

第一节　快攻类打法

一、快攻类打法的特点

快攻类打法包括直握球拍快攻打法和横握球拍快攻打法两类。随着弧圈球技术的兴起，快攻类打法已经逐渐被快攻结合弧圈打法所代替，但在业余领域传统直板近台快攻打法依然焕发着青春的活力，还有十分广阔的受众人群。我国传统直板近台快攻打法形成于1949年之后。20世纪50年代初期，我国运动员初登世界乒坛时，虽然也具有"快"与"狠"的特点，但不够突出，而且在准确性方面也比较差。在同世界强队比赛时有些球虽说打得很精彩，然而由于缺乏准确性最后还是输球了。从比赛实践看，光有"快"与"狠"是不行的，还必须提高击球的准确性。此后，我们认真加强了基本功的训练，逐步提高了击球的准确性，使我国男、女队在短短的几年间就迈入了世界强队的行列。1959年在德意志联邦共和国举行的第25届世界乒乓球锦标赛上，容国团以快速多变的战术夺得了男子单打冠军，徐寅生、杨瑞华等运用落点多变的推挡和攻球也在比赛中取得了明显的主动权，使我国快攻打法又增添了"多变"的特点[2]。

通过多次重大比赛的实践，我们进一步明确了"速度快"的重要性，从而更加突出了"快"字。例如，从远台两面攻逐渐发展为近台两面攻。20世纪60年代初期，我们曾在全国范围内展开了一场对直板快攻打法技术风格的广泛讨论，最后统一了意见，确定了我国直板快攻打法的技术风格是"快、准、狠、变"。到了20世纪70年代，世界乒乓球技术在速度和旋转方面又有

[1]吴焕群，张晓蓬，等.中国乒乓球竞技制胜规律的科学研究与创新实践［M］.北京：人民体育出版社，2009：38-39.

[2]丘钟惠，庄家富，孙梅英，等.现代乒乓球技术的研究［M］.北京：人民体育出版社，1982：251-282.

了新的发展，尤其在旋转方面，欧洲运动员有了显著的提高。我国快攻打法除了继续突出快速，又开始在"转"字上下功夫，掌握了拉上旋球的技术。快攻打法的技术风格相应地发展为"快、准、狠、变、转"五个方面，但仍然以快为主。

二、快攻类打法的技术分类

快攻类打法包括直握球拍快攻打法和横握球拍快攻打法两类，由于横握球拍的快攻类打法基本销声匿迹，所以在这里我们只列举中国传统的直板左推右攻打法技术组合。从图3-1可以看出，直板左推右攻打法的正手主要技术由快点、快攻、快拉、突击、扣杀和杀高球组成，其中正手快点、快攻和突击是核心技术、重中之重；反手主要技术由加力推和快推组成。传统的直板左推右攻打法反手不能发动进攻，只能借力打力，具有明显的缺陷，但是这并不妨碍直板左推右攻打法在民间盛行，在业余界传统的左推右攻打法依然占据着半壁江山。另外，值得一提的是在女子方面，左推右攻的传统打法依然有一席之地，比如高军、李佼等。

直板左推右攻打法的正手辅助技术由正手搓球、正手快带、正手中远台攻球和各种假动作组成，其中正手中远台攻球是传统中直打法退台后与对手周旋的主要技术，也是一项基本实力的体现；反手辅助技术由反手搓球、推挤、围和正面反手攻球组成，其中推挤是传统直板的精华技术和特色技术，也是直板近台快攻打法的必备技术，而"围"是近年来为了对付弧圈球所发明的新技术，对防守弧圈有一定的作用。

在防御技术中，挡球和放高球是直板左推右攻打法体系中主要的防守技术。中国的传统近台左推右攻打法只要是被迫退台放高球，基本上就已经非常被动了，在大多数情况下只能靠等待对手失误而得分。这与许昕的弧圈结合快攻打法的放高球完全不同，许昕的放高球是在寻求一丝中远台反击的机会。

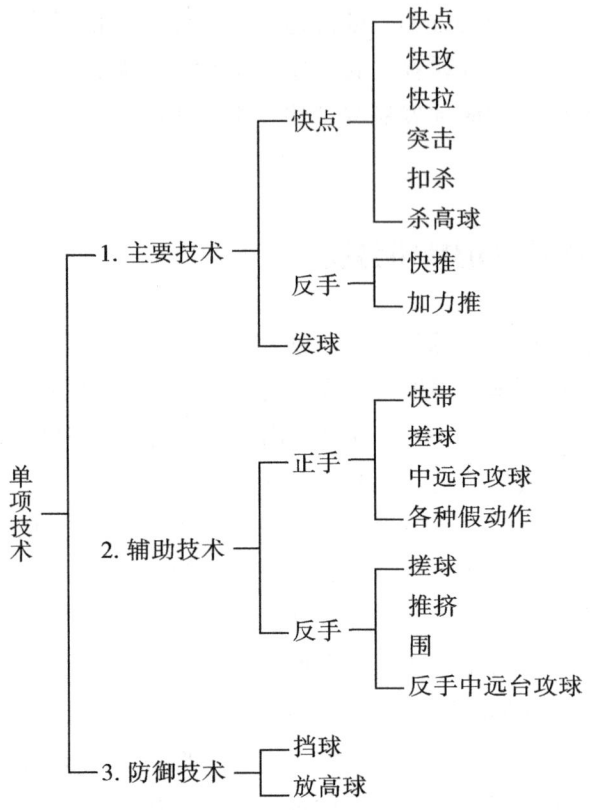

图3-1 直拍左推右攻打法单项技术

　　从表3-1可以看出，我国传统直板左推右攻打法的组合技术主要有发球抢攻，推挡后侧身攻、连续扣杀，左推结合右攻，接发球快点后转对攻，推挡侧身攻后扑正手，拉中突击结合连续扣杀，搓中突击结合连续扣杀等。我国传统的直板左推右攻打法，讲究的是"快、准、狠、变、转"，尤其是"快"字当头，因此其组合技术也应该围绕着速度展开训练。

表3-1 我国传统直板左推右攻打法组合技术

序号	内容
1	发球抢攻
2	推挡后侧身攻、连续扣杀
3	左推结合右攻
4	接发球快点后转对攻

（续表）

序号	内容
5	推挡侧身攻后扑正手
6	拉中突击结合连续扣杀
7	搓中突击结合连续扣杀

第二节　弧圈类打法

一、弧圈类打法的特点

弧圈类打法包括横拍弧圈球打法和直拍弧圈球打法。这类打法一般以拉弧圈球进攻为主，辅以一定的快攻，所以也可叫作弧圈结合快攻打法。弧圈结合快攻打法是当今世界乒坛的主流打法，也是目前最为先进的打法。弧圈球技术是20世纪60年代初，由日本乒乓球运动员发明的，并且形成了直拍弧圈球打法，最早使用该打法的有狄村、星野等优秀选手，这些运动员以拉出强烈的上旋球作为主要得分手段，这让欧洲的削球型选手头痛不已，根本无法抵挡。在中国快攻打法和日本弧圈打法的双重夹击下，擅长防守的欧洲削球型打法全线崩溃，几乎丢掉了世界锦标赛的全部冠军。但欧洲运动员并没有因此而气馁，他们开始寻求适合自己的发展道路。在弃守为攻之后，一部分欧洲运动员效仿中国的直拍快攻打法，创造了横拍快攻打法，但在与中国队的对抗中屡遭失败，而另一部分欧洲运动员则决心效仿日本的弧圈球打法，通过多年坚持不懈的努力钻研，这些欧洲运动员不仅掌握了横拍正手拉弧圈球技术，而且还创造性地发明了横板反手拉弧圈球技术，双面弧圈球打法就此诞生。横拍弧圈球打法崭露头角是在20世纪70年代初的亚锦赛上，当时两名名不见经传的匈牙利年轻运动员击败了强大的中国队，横拍弧圈打法一时名声大噪，这让欧洲运动员看到了黎明的曙光，从此弧圈打法像雨后春笋一样在欧洲遍地发芽。此后，在1979年的第35届平壤世界乒乓球锦标赛上，匈牙利运动员又依靠弧圈球强大的冲击力击败了当时世界上最强的两支队伍——中国和日本，夺得了斯韦斯林杯，震惊了世界，同时这也充分显示了弧圈球打法的先进性。

中国运动员在"百花齐放、百家争鸣"方针的指引下，先后学习了日本的直拍弧圈球打法和欧洲的横拍弧圈球打法。中国的直拍弧圈球打法既吸取了日本弧圈球技术的长处，又辅以我国快速多变的特点，形成了"转、快、准、狠、变"的技术风格。横拍弧圈球打法在中国的起步比较艰难，而且一直有直板打法的影子，注重前三板和正手得分，对相持和反手技术不够自信。通过多年的发展和完善，现在世界超一流横拍弧圈运动员几乎都在中国，像孔令辉、马龙、张继科等运动员都是凭借横板弧圈打法精湛的技艺成就了大满贯的梦想。

二、直板弧圈结合快攻打法的技术分类

从图3-2可以看出，直板弧圈结合快攻打法的正手主要技术由加转弧圈球技术、前冲弧圈球技术、正手拉台内球、正手挑打、正手攻和杀高球组成，其中正手加转弧圈球和前冲弧圈球是核心技术、重中之重；反手主要技术由加力推、快推、攻球和直拍横打组成，其中反手正面攻球技术目前在业余界还有人偶尔使用，在专业领域反手正面攻球已经被直拍横打完全代替。

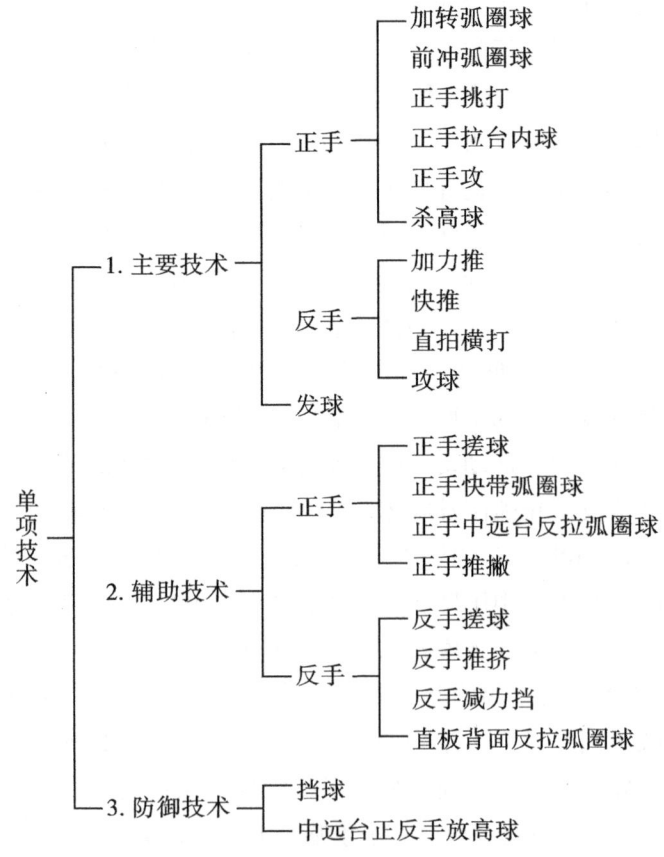

图3-2　直板弧圈结合快攻打法单项技术

　　直板弧圈结合快攻打法的正手辅助技术由正手搓球、正手推撇、正手快带弧圈球和正手中远台反拉弧圈球组成，其中正手中远台反拉弧圈球是一名直板弧圈运动员弧圈实力的重要体现，需要有非常扎实的基本功；反手辅助技术由反手搓球、减力挡、推挤和直板背面反拉弧圈球组成，其中推挤和减力挡是马琳这类传统直板弧圈结合快攻打法运动员重要的反手辅助技术，而直板背面反拉弧圈球则是王皓这类直板弧圈打法运动员重要的反手辅助技术。

　　直板弧圈结合快攻打法的防御技术由放高球和挡球组成。由于直板打法的"先天缺陷"，放高球可以说是直板选手防守必备的主要防御技术。从马琳到许昕，这些超一流的世界顶尖直板弧圈运动员几乎个个都是放高球的高手。

　　从表3-2可以看出，直板弧圈结合快攻打法的组合技术主要有发球后抢拉和抢冲，推挡结合侧身冲、拉、扣，推挡结合正手拉、扣，接发球控制后转为拉、冲，搓中转拉或冲，侧身扑正手后返回反手用直拍横打，拉中连续扣杀等。传统的直板弧圈结合快攻打法主要得分点在正手，因此其组合技术主要围绕正手展开，跑动范围广、训练强度大、技术难度高，而王皓式的弧圈结合快攻打法正反手均可得分，所以进攻组合技术方式灵活、多样，跑动范围相对较小。

表3-2　直拍弧圈结合快攻打法的组合技术

序号	内容
1	发球后抢拉和冲抢
2	推挡结合侧身冲、拉、扣
3	推挡结合正手拉、扣
4	接发球控制后转为拉、冲
5	搓中转拉或冲
6	侧身扑正手后返回反手用直拍横打
7	拉中连续扣杀

三、横板弧圈结合快攻打法的技术分类

从图3-3可以明显看出，横拍弧圈结合快攻打法的正手主要技术由加转弧圈球、前冲弧圈球、台内拉球、挑打、扣杀和爆冲组成，其中加转弧圈球、前冲弧圈球、爆冲是核心技术，也是横拍弧圈结合快攻打法最为关键的技术；反手主要技术由加转弧圈、前冲弧圈、台内拧拉和扣杀组成，这4项技术是现代横拍弧圈结合快攻打法运动员反手的必备技术，在反手台内拧拉兴起之前横拍弧圈结合快攻打法的运动员只要掌握了反手加转弧圈、前冲弧圈及扣杀就算比较全面了，现如今台内拧拉技术是横板运动员反手技术体系的标配，同时也是整个横板弧圈结合快攻打法运动员技术先进与否的重要标志。

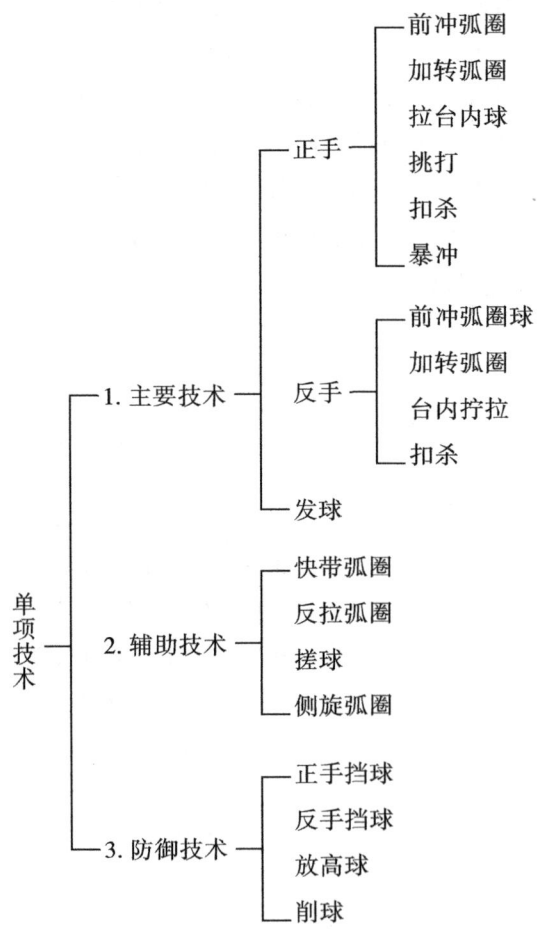

图3-3　横拍弧圈结合快攻打法单项技术

横拍弧圈结合快攻打法的辅助技术由快带弧圈、反拉弧圈、侧旋弧圈和搓球组成，其中快带弧圈和反拉弧圈实力的高低在一定程度上决定了一名运动员的技术实力。快带弧圈和反拉弧圈这两项辅助技术不仅要求运动员正手使用娴熟，还要求运动员反手应用自如。现阶段，随着弧圈结合快攻打法的发展，横拍运动员正反手快带和反拉的实力更加均衡，有些运动员反手甚至强于正手。

横板弧圈结合快攻打法的防御技术由正手挡球、反手挡球、放高球和削球组成。其中在近台防守时用挡球技术，中远台防守时用放高球和削球。挡球可以说是所有横板弧圈结合快攻打法的运动员必备的防守技术，而削球和放高球则因人而异，尤其是削球在比赛中很少有人使用，但在比赛中放高球的运动员则比较多。目前，在比赛中善于放高球的运动员有日本的水谷隼、松平健太等人。

从表3-3可以看出，横板弧圈结合快攻打法的组合技术主要有发球后抢拉和抢冲，反手拉结合侧身抢冲、抢拉，正手拉冲结合扣杀，接发球反手拧拉结合正反手抢拉抢冲，搓中转拉或冲，侧身扑正手对拉、对冲后返回时用反手对拉，拉中转冲或扣杀等。横板护台面积大、正反手均可发起进攻，因此其组合技术主要是围绕正反手转换展开。横板的反手与正手相比，其功能和杀伤力日趋接近，在某些功能上反手还优于正手，比如台内拧拉技术，因此一味地强化正手的攻击力，围绕正手进行技术组合训练已经不适合现代乒乓球技术的发展趋势。

表3-3　横拍弧圈结合快攻打法的组合技术

序号	内容
1	发球后抢拉、抢冲
2	反手拉结合侧身抢冲、抢拉
3	正手拉、冲结合扣杀
4	接发球反手拧拉后结合正、反手抢拉抢冲
5	搓中转拉或冲
6	侧身扑正手对拉、对冲，返回左方时用反手对拉
7	拉中转冲，拉中转扣杀

第三节　快攻结合弧圈类打法

一、快攻结合弧圈类打法的特点

快攻结合弧圈类打法包括直板快攻结合弧圈打法和横板快攻结合弧圈打法两种。这两种快攻结合弧圈打法都是在原有快攻打法的基础上吸取了弧圈球的技术而发展起来的。直板快攻结合弧圈打法是我国传统的直板快攻吸取了日本的弧圈球技术而逐步形成的。这种打法使用反胶球拍，将速度和旋转有效地结合在一起，二者相辅相成，相互促进，但仍以快为主；旋转在促进球速的同时其本身也是重要的得分手段，因而"快、转、准、狠、变"是它的技术风格。这是20世纪70年代之后我国出现的一种新型打法。这种打法的代表人物是第32届世界乒乓球锦标赛单打冠军郗恩庭。郗恩庭右手直握拍，使用传统的左推右攻打法。在第31届世界乒乓球锦标赛上，手握直板正胶球拍的郗恩庭斩获了男子单打的第三名，但他并没有满足所取得的成绩，而是继续刻苦钻研努力提高技艺。当时主管郗恩庭训练的教练员徐寅生看到了郗恩庭在旋转技术上还有较大的上升空间，而他原来使用的正胶球拍却不能充分发挥他的旋转才能，因此决定让郗恩庭改用反胶球拍打快攻，这样既保持他原有的推挡特长，又加强他发旋转球和正手拉弧圈球的威力。在打法上，徐寅生要求郗恩庭反手以推挡为主，正手能拉能打主要拼速度。这样一来，郗恩庭能远能近，能拉能打，整个打法就有了更多的回旋余地。郗恩庭从正胶改为反胶，经过一年的训练，就获得了第32届世锦赛的冠军。此后，郗恩庭凭借发球、推挡和弧圈球三项绝技，一直称霸20世纪70年代的世界乒坛。直板快攻结合弧圈打法的关键点在于能拉能打，两者兼顾，不偏不倚。只会拉不会打，或者只会打不会拉，都不符合直板快攻结合弧圈打法的要求。

横板快攻结合弧圈打法是欧洲横板选手在继承传统两面攻打法的基础上，吸收中国快攻的一些优点和学习日本弧圈球的长处而逐步形成的一种速度与旋转相结合的新打法。这种打法和以旋转为主的横板弧圈打法几乎是在同一时期产生的，并在20世纪70年代初期得到了较快的发展。横板快攻结合弧圈打法的典型代表是瑞典队的本格森。他在日本名古屋举行的第31届世界乒乓球锦标赛中，获得了欧洲曾经失去20年之久的男子单打冠军，使欧洲乒乓球运动员受到了极大的鼓舞。横板快攻结合弧圈打法，站位中近台，反手以快攻为主，正手则能拉能打，特点是速度快。需要强调的是，在快攻结合弧圈打法中，弧圈球是进攻的技术，同时也是在被动时用来周旋、过渡、相持、伺机反攻的重要手段[1]。

二、直板快攻结合弧圈打法的技术分类

从图3-4可以看出，直板快攻结合弧圈打法的正手主要技术由快点、快攻、拉球、挑打、扣杀和杀高球组成，反手主要技术由加力推、快推、直拍横打和台内拧拉组成。在直板快攻结合弧圈打法的主要技术中既有快攻技术又有弧圈技术，要以快攻技术为主、弧圈球技术为辅，要有弧圈为快攻服务的思想认识。

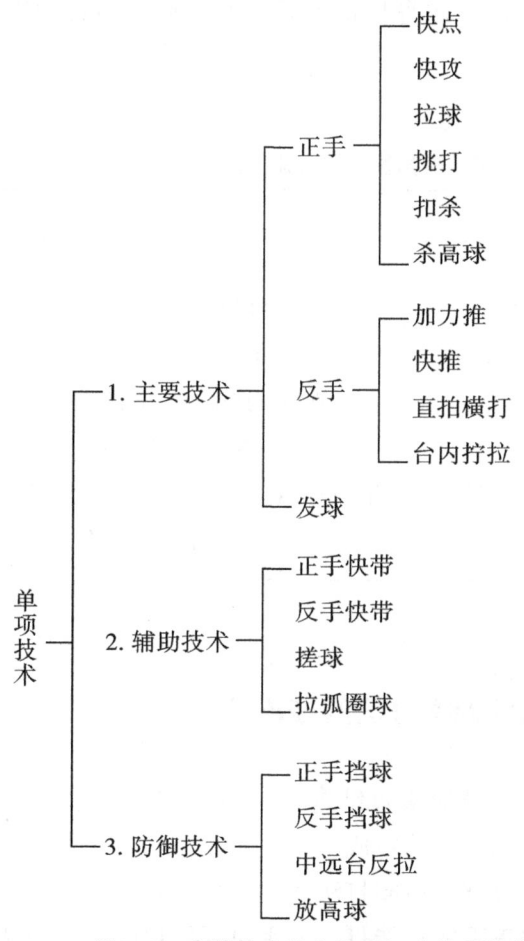

图3-4　直拍快攻结合弧圈打法单项技术

［1］丘钟惠，庄家富，孙梅英，等. 现代乒乓球技术的研究［M］. 北京：人民体育出版社，1982：251-282.

直板快攻结合弧圈打法的辅助技术由正手快带、反手快带、搓球和拉弧圈球组成，正手快带和反手快带是高水平运动员相持时被动转主动的重要技术，其特点是动作小、出手快、借转好，正好符合快攻结合弧圈打法的基本要求。在直板快攻结合弧圈打法中，无论是下旋转上旋还是对拉，弧圈球始终都是在为快攻服务，都要为扣杀创造条件。

直板快攻结合弧圈打法的防御技术由正手挡球、反手挡球、中远台反拉和放高球组成。在防守的过程中即可以通过挡球、放高球与对手周旋，还可以伺机在中远台反拉。

从表3-4可以看出，直板快攻结合弧圈打法的技术组合主要有发球后抢攻，推挡结合侧身攻或拉，推挡结合正手拉、扣，直拍横打台内拧拉后转为攻或拉，搓中突击或转拉，侧身扑正手后再返回反手用直拍横打攻或拉，拉中连续扣杀等。

表3-4　直拍快攻结合弧圈打法组合技术

序号	内容
1	发球后抢攻
2	推挡结合侧身攻或拉
3	推挡结合正手拉、扣
4	直拍横打台内拧拉后转为攻或拉
5	搓中突击或转拉
6	侧身扑正手，返回左方再用直拍横打攻或拉
7	拉中连续扣杀

三、横板快攻结合弧圈打法的技术分类

从图3-5可以看出，横板快攻结合弧圈打法的正手主要技术由快点、快攻、拉球、挑打、扣杀和杀高球组成，反手主要技术由快点、快拨、拉球、突击和扣杀组成。横板快攻结合弧圈打法的主要技术要求运动员正、反手都具备攻球和拉球的能力，即正手能拉能打、反手也要能拉能打，当然拉球还是为快攻服务。

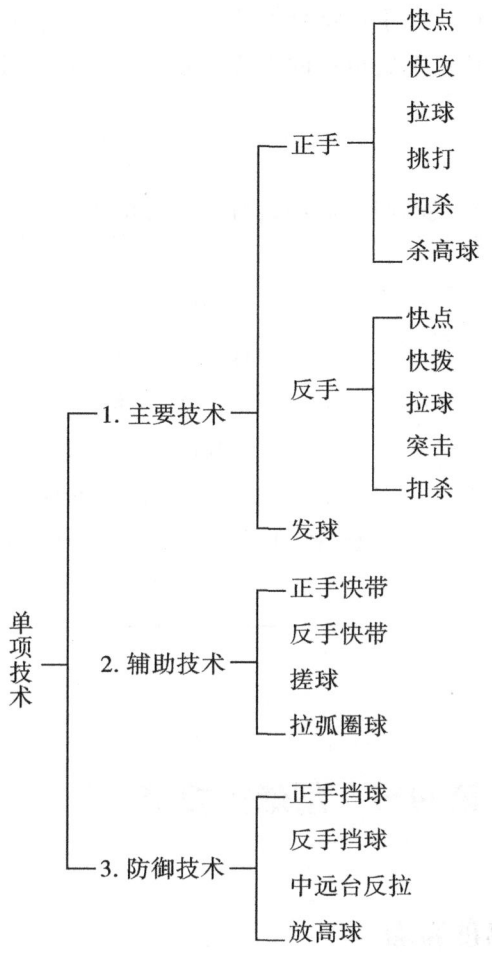

图3-5 横拍快攻结合弧圈打法单项技术

横板快攻结合弧圈打法的辅助技术由正手快带、反手快带、搓球和拉弧圈球组成。横板的快带技术无论是发力方式还是动作结构都比直板流畅，而且在当今世界乒坛快带水平高、技术好的运动员大多也来自横板。此外，拉弧圈球也是横板快攻结合弧圈打法的一项重要辅助技术。

横板快攻结合弧圈打法的防御技术由正手挡球、反手挡球、中远台反拉和放高球组成。横板护台面积大，防守相对较直板更容易一些。此外，横板除了正反手都能在近台挡球，正反手中远台均可拉球，这就使得横板在比赛中周旋的能力更强。

从表3-5可以看出，横板快攻结合弧圈打法的技术组合主要有发球抢攻，接发球后结合侧身攻或者拉，反手攻结合侧身攻，反手攻结合正手攻或拉，搓中突击或搓中转拉，侧身扑正手后再返回左方用反手攻或拉，反手台内拧拉结合正手攻或拉等。

表3-5　横拍快攻结合弧圈打法组合技术

序号	内容
1	发球抢攻
2	接发球后结合侧身攻或者拉
3	反手攻结合侧身攻
4	反手攻结合正手攻或拉
5	搓中突击或搓中转拉
6	侧身扑正手，返回左方再用反手攻或拉
7	反手台内拧拉结合正手攻或拉

第四节　削球类打法

一、削中反攻打法的特点

削球打法是欧洲的传统打法，20世纪50年代以前曾占据世界乒坛的统治地位。后来，由于进攻类打法的出现促使削球打法必须加强反攻能力，因而削球打法就发展为现在的削中反攻打法。削中反攻打法包括横板削球打法和直板削球打法两种。而横板削球打法中又分为反胶削球和两面不同性能球拍削球。我国削中反攻打法从20世纪50年代初期就已经具有一定的水平，如1952年曾获全国冠军的直板削球选手姜永宁，以及王锡添、李仁苏、叶佩琼等横板削球手。但是由于当时削球打法还没有形成自己的独特风格，特别是在没有明确削球旋转变化的重要性以前，在国际比赛中未能获得优异的成绩。削球打法在极为被动的情况下，老一辈削球手并没有因此而气馁，反而越战越勇，经过我国广大削球选手不断的钻研和努力的探索，到20世纪60年代初期，我国的削球打法就有了极大的变化。首先是张燮林1961年在第26届世界乒乓球锦标赛中有所突破，削球打法取得了首次胜利。紧接着，1962年王志良在访日比赛中取得了良好的战绩，这使得我国削球手看到了自己的发展方向，并提出了"削得稳、削得低，旋转变化大，两面能反攻"的十六字削球战略指导思想。从这十六个字中，极具智慧的老一代削球手又凝练出"稳、低、转、攻"的四字制胜要素。"稳、低、转、攻"这四个字是辩证统一关系，守得稳，才能顶住对方的进攻，而要真正守得稳必须削得低，但仅限于稳和低威胁不大，还必须以变化旋转和落点造成对方直接失误，迫使对方回出高球，趁机用攻球得分。因此，它是一种积极的防御打法。旋转多变的削球，从形式上看是防守，而实际上却包含着进攻的因素。如果说进攻型打法是带有上旋的进攻，那么削球型打法就是带着下旋的进攻，且旋转变化是其主要的得分手段[1]。

随着弧圈技术的飞速发展，速度快、力量大、旋转强的弧圈球给削球打法带来了强大的冲击力，逆水行舟不进则退，削球打法为了跟上时代的发展必须求变。削球打法为了维继生存，经过不断的努力和实践终于创新出了利用两面不同性能胶皮来加强旋转变化的新型削球打法，这是削球打法一次质的飞跃。通过实践，削球打法进一步明确了旋转变化的重要性。原来提出的这类打法的技术风格为"稳、低、转、攻"，经过几年的实践检验后，把"转"字放在第一位，成为"转、稳、低、攻"。"转"是争取主动的关键，它同"稳、低、攻"构成一个整体，互相促进，相辅相成。

二、削中反攻打法的技术分类

从图3-6可以看出，横拍削中反攻打法的正手主要技术由削加转球、削轻拉球、削中路球、接突击球、接近网球、搓球和拉弧圈球组成；反手主要技术由削加转球、削轻拉球、削中路球、接突击球、接近网球和搓球组成，反手主要技术比正手主要技术少了1项拉弧圈球。在削中反攻打法中，削加转球、削轻拉球、削突击球技术是主要技术中的核心技术，只有削得住才有机会反攻，才有可能取胜。

---

[1] 丘钟惠，庄家富，孙梅英，等. 现代乒乓球技术的研究 [M]. 北京：人民体育出版社，1982：290.

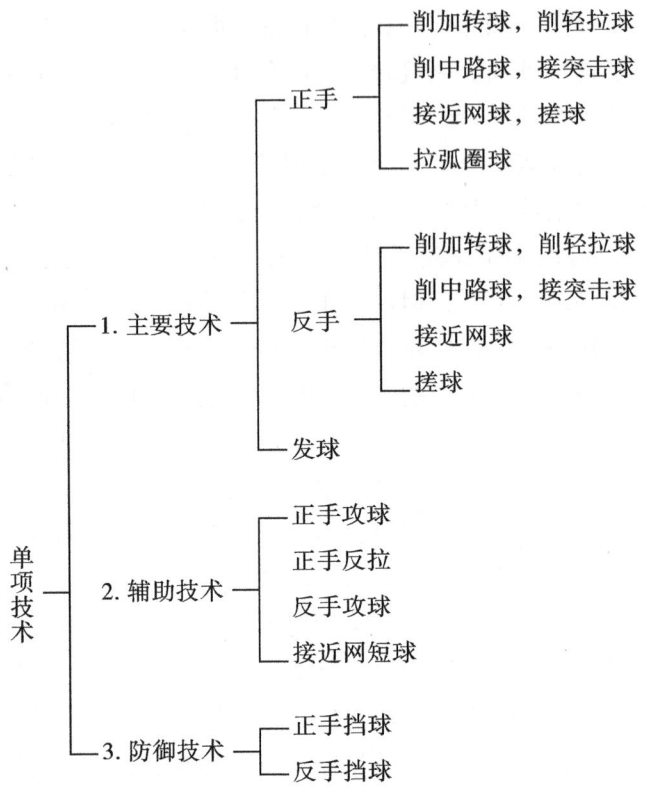

图3-6　横拍削中反攻打法单项技术

　　横拍削中反攻打法的辅助技术由正手攻球、正手反拉、反手攻球和接近网短球组成，其中进攻性技术占了一大半，这是由削中反攻打法的性质所决定的。从战术运用来看，在削球的过程中发起进攻不仅是削球运动员的有效得分手段，而且还有利于干扰对手。在削中反攻时，球的旋转和速度都发生了变化，可以干扰对方的判断及击球节奏，因此在削中伺机反攻显得十分重要。总之，削球为攻球创造机会，攻球为削球提供方便，两者相辅相成。

　　削中反攻打法的防御技术主要由正手挡球和反手挡球组成。这2项技术都是在削球手来不及调整步法削球时才采用的防守技术，是近台防御的基本手法。但在比赛中，削球手很少在近台用正反手挡球，一般都是力争退台削一板。

　　从表3-6可以看出，削中反攻打法的组合技术主要有正手结合反手削球，正反手削中结合正手反攻，正反手削中结合反手反攻，接发球结合落点控制或反攻，拉中结合突击或扣杀，削中结合放高球，发球抢攻或抢拉，回接长、短球等。

表3-6　横拍削中反攻打法的组合技术

序号	内容
1	正手结合反手削球
2	正反手削中结合正手反攻
3	正反手削中结合反手反攻
4	接发球结合落点控制或反攻
5	拉中结合突击或扣杀
6	削中结合放高球
7	发球抢攻或抢拉
8	回接长、短球

三、攻守结合打法的特点

攻守结合打法实际上是攻削结合以攻为主的削球打法，目前可分为横板两面不同性能球拍攻削结合打法和直板挡攻削结合打法两种。攻守结合打法中的横拍攻守结合打法，是由削中反攻打法演变而来的。在现代乒乓球打法中，只削不攻的消极防守打法已被淘汰。削球打法选手必须努力提高自己的攻球技术水平，当其攻球能力相当于或高于其削球能力时，则其打法就成为攻削结合打法。这种打法中攻球是主要得分手段，削球是它的基础，攻和削是相互促进的。攻守结合的另一种打法直板挡攻削结合则同原来的直板削球打法有较大的区别，这种打法总体看来是以近台攻、挡为主，远台削球为辅；也有攻、削使用比例相差不大，比赛中灵活变化的选手。攻守结合打法既要发挥进攻类打法特点，又要发挥削球旋转多变的长处。但其独特之处，仍是令人难以琢磨的旋转变化，包括倒拍发球、搓球、削球和推下旋、拱上旋等用旋转变化来创造机会，用快攻或弧圈解决战斗，这是20世纪70年代后出现的一种独特打法。随着乒乓球技术的发展，直板挡攻削打法已经彻底退出了历史舞台。活跃在世界舞台上的削球类打法基本都是横板运动员，而且数量越来越少[1]。

四、攻守结合打法的技术分类

从图3-7可以看出，横拍攻守结合打法的正手主要技术由攻球、拉弧圈球、反拉和削球组成；反手主要技术由攻球、拉弧圈球、反拉和搓球组成。从攻守结合打法的主要技术我们不难看出，这类打法强调攻守均衡发展，甚至在主要技术中进攻的技术都多于防守的技术，这也符合现代攻守结合打法的发展趋势。

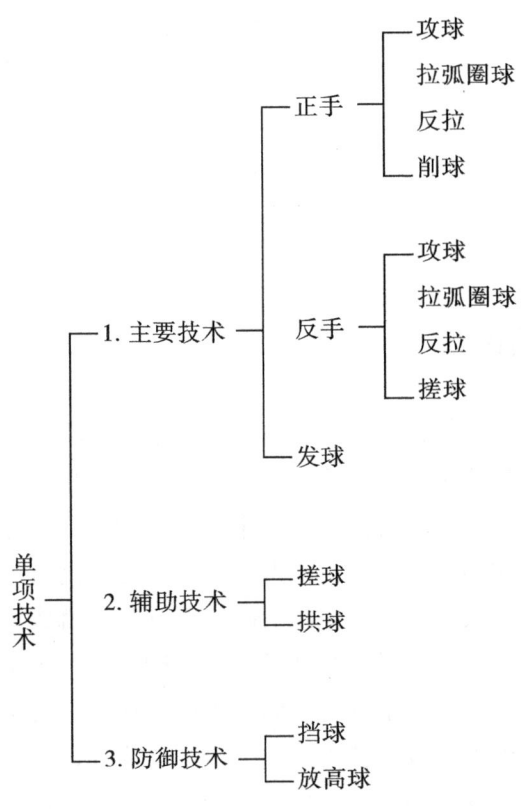

图3-7 横拍攻守结合打法单项技术

［1］丘钟惠，庄家富，孙梅英，等.现代乒乓球技术的研究［M］.北京：人民体育出版社，1982：291.

横拍攻守结合打法的辅助技术由搓球和拱球组成，其中拱球是长胶的特殊击球手法。众所周知，现阶段世界高水平的削球打法运动员的球拍都粘贴了异质胶皮，最常见的搭配方式就是正手反胶、反手长胶，通过胶皮搞旋转变化、抑制对方进攻。

横拍攻守结合打法的防御技术主要由挡球和放高球组成。挡球属于近台防御技术，放高球属于中远台防守技术，在削球的过程中放一板高球无形中丰富了防守的技术体系，扰乱了对手的进攻节奏。

从表3-7可以看出，横拍攻守结合打法的组合技术主要有发球抢攻或抢拉，反手攻结合正手攻，攻中转削，削中转攻，反手攻结合侧身攻，搓、拱、拉结合扣杀，接发球控制后抢拉，回接长、短球等。

表3-7　横拍攻守结合打法组合技术

序号	内容
1	发球抢攻或抢拉
2	反手攻结合正手攻
3	攻中转削
4	削中转攻
5	反手攻结合侧身攻
6	搓、拱、拉结合扣杀
7	接发球控制后抢拉
8	回接长、短球

五、削球打法可持续发展的可行性

首先，从吸引观众和赞助商的角度来分析，削球打法具有更加广阔的发展前景。近年来，国际乒联一直在不断地进行制定和修改有关规则和条例，其目的是使乒乓球更具有观赏性，在全球更好地推广乒乓球运动，使乒乓球运动能进一步走向市场走向社会，也为了使更多的乒乓球比赛项目和运动员进入奥运会，用更激烈精彩的比赛吸引更多的观众[1]，并有利于电视转播和吸引赞助

[1] 魏利婕，任国强. 对乒乓球削球打法濒临消失原因的分析 [J]. 武汉体育学院学报，2006，11（40）：74-77.

商。而削球打法就是一种很具有观赏性的打法，它不仅有进攻和防守，还有近台和中远台，它打出的回合也比快攻及弧圈型打法要多。

其次，国际乒联高层领导人希望削球打法能有更大的发展空间。国际乒联主席沙拉拉曾说过："我相信削球选手的比赛能够引人入胜，观众也非常喜欢削球这种打法，我们也在考虑怎样来给削球选手更多的机会，以促进这种打法。"从这里我们可以看出，国际乒联高层领导人希望削球更好地发展下去。历史上，国际乒联曾经有过为了打破削球打法一统天下的单调局面，扶持快攻型打法，改变了器材规格和一些规则的行动。倘若今天国际乒联能够下定决心扶持削球，那么打破攻球一统天下的格局，削球打法蒸蒸日上的局面指日可待。

纵观削球打法的发展历史，削球打法同其他打法一样，都是在不断地探索中前进，在实践中提高。我们只要重新重视、研究和发展削球打法，就一定能够让削球打法重新活跃在世界乒坛。

第四章　乒乓球运动员的竞技能力结构

近年来，随着人们对竞技能力探讨的不断深入，竞技能力结构成为人们研究的重要课题。根据运动员竞技能力各组成要素之间相互联系、相互作用方式的具体特性与功能建立的反映竞技能力构成共性的模型，是对运动员竞技能力结构的概括、归纳、抽象，反映着竞技能力内部各要素之间关系的本质特性[1]。为了更加全面、深刻地研究竞技能力结构，学者们先后引用和提出了多种理论模型，从不同的角度进行了研究。虽然近30年的竞技能力结构研究成果丰硕，但针对乒乓球运动员竞技能力结构的研究还鲜有人涉及。为此，本章在前人研究的基础上，根据乒乓运动的具体特点，深入探讨了乒乓球运动员的竞技能力结构，旨在为乒乓球训练提供更加科学的指导思想。

第一节　竞技能力释义

一、竞技能力的提出

竞技运动的根本特性或本质特征就是组织同一运动项目的参与者，在规定的约束条件下，各显神通，以争取最高荣誉，而这最高荣誉多用奖牌、奖杯来标志。所以对竞技运动的群体或个体来说，夺取奖牌或奖杯就是其奋斗目标，其夺得奖牌或奖杯的情况，也就是目标是否已经实现的衡量标准。但是奖牌、奖杯的搏取，是一个社会性的行为或活动，谁能夺标，谁不能夺标，这就要由某些主体因素来确定，也就是由参赛者自身具有的实力或本领，即由他自身具有的夺标能力来决定。夺标是行为的结果，夺标能力则是得标的条件和原因，

---

[1] 张磊. 我国竞技能力结构理论研究：盘点与梳理[J]. 武汉体育学院学报，2015，49（7）：95-100.

夺标的结果由夺标的能力来决定。所以，在整个竞技运动中，便把养成或生产最优的夺标力作为竞技运动事业的核心[1]。不同国家对运动员的夺标能力有着不同的理解与描述，比较几个体育强国对运动员夺标能力的定义，可以明显看出它们之间的区别。如英文对"运动员夺标能力"的表述是"Performances Ability"，直译为"表演（成绩）能力"；俄文对"运动员夺标能力"的表述是"уровеНвподготовки"，直译为"训练水平"；德文对"运动员夺标能力"的表述是"Leistungsfaehigkeit"，直译为"成绩能力"；日文对"运动员夺标能力"的表述是"竞技力"，其含义为"比赛的能力"[2]。

我国运动训练界对于运动员夺标能力的认知，早期多称为"运动能力"。但"运动能力"含义过于宽泛，包含着生长发育、健身、康复、竞技等身体运动的众多领域，释义不专一。20 世纪 50 年代，在全面学习苏联的竞技体育后，我国运动训练界将运动员的夺标能力又称为"训练水平"。田麦久教授分析认为，用"训练水平"描述运动员的夺标能力意味着将运动员的"能力水平"局限于"训练"，忽视了遗传及生活因素对其的影响。同时，对"训练水平"的理解并不具有明确的指向性，既可以用来衡量运动员的能力状况，也可以被用于表述教练员的执教能力，因此经常出现用"训练水平"指代"运动员所达到的竞技水平""教练员组织训练工作水平""运动员所具有的运动能力"的混乱现象。为此，1984 年田麦久教授在《试论竞技能力决定因素之分析》一文中正式提出"竞技能力"的概念，并对这一概念的科学涵义及其在运动训练过程中的地位与作用进行了探讨[3]。"竞技能力"这一概念很快被国内学界普遍认同，并广泛应用于竞技体育运动选材、训练、参赛各领域的研究中。1986年，我国第一部全国体育院系统编教材《运动训练学》中，使用了"竞技能力"这一概念，标志着竞技能力概念在我国的使用走向了深入。

二、竞技能力的涵义

中国运动训练学界对竞技能力概念本质的认知，经历了一个逐步明确的过程。回顾20世纪 80年代以来，我国运动训练学者对竞技能力概念的定义，可清晰地看到这一点。首先，田麦久在《试论竞技能力决定因素之分析》

［1］韩丹.论运动竞技能力［J］.武汉体育学院学报，1990（4）：12-17.

［2］李赞.竞技能力理论的中国建构［J］.中国体育教练员，2019，27（3）：3-8

［3］田麦久.试论竞技能力决定因素之分析［J］.北京体育科技，1984，7（3）：1-4.

（1984）、《运动训练科学化探索》（1988）、《运动员竞技能力模型与选材标准》（1994）、《项群训练理论》（1998）中，过家兴在《运动训练学》（1990）中，郑念军在《竞技能力新论》（2001）中，将竞技能力定义为运动员参加训练和比赛所必须具备的本领/能力，是运动员技能、体能和心理能力的综合；运动员有效参与比赛和训练的能力。"竞技能力"的内涵指向训练和参赛的本领/能力。其中，"必须具备的本领""有效"等表述含义模糊，不够清晰；其次，徐本力在《运动训练学》（1990）中，张洪潭在《重建运动训练理论初探》（1999）中，将"竞技能力"定义为运动员为在比赛中取得优异成绩所必须具备的运动能力；运动员在先天因素基础上及后天因素作用下，通过专门训练而积聚的参赛夺标的主观条件。"竞技能力"的内涵指向"比赛中的运动能力或主观条件"，定义中"优异成绩""参赛夺标"的用词限制了概念适用的范围[1]。

　　进入21世纪，我国运动训练学界对竞技能力的研究进一步成熟，释义更加准确。田麦久在《运动训练学》（2000）中认为，运动员参加比赛的能力是运动员参加比赛的主观条件和自身才能，由具有不同表现形式和不同作用的体能、技能、战术能力、运动智能及心理能力所构成，并综合地表现于专项竞技的过程之中。内涵指向"参赛能力"，增加了"是运动员参加比赛的主观条件和自身才能"的表述，进一步明确"参赛能力"属性，其内涵和外延表述更加清晰、深化。进入21世纪后，我国运动训练学界关于竞技能力的界定，无论其表现形式还是实质都指向运动员的参赛能力；关于竞技能力的外延——"具有不同表现形式和作用的体能、技能、战术能力、心理能力及运动智能所构成，并综合地表现于专项竞技的过程之中"，体现了构成竞技能力的不同子能力的复杂动态特点[2]。由于项目各异、运动员的个体差异及比赛性质的不同，各种竞技子能力也体现出不同的表现形式和作用[3]。根据田麦久等人的研究成果，本研究认为所谓乒乓球运动员竞技能力，也就是指乒乓球运动员参加比赛的主观条件和自身才能，由具有不同表现形式和不同作用的体能、技能、战术能力、心理能力以及运动智能所构成，并综合地表现于乒乓球竞技的过程之中。

［1］李赞. 竞技能力理论的中国建构［J］. 中国体育教练员，2019，27（3）：3-8.

［2］田麦久. 运动训练学［M］. 北京：高等教育出版社，2006：17.

［3］田麦久，刘大庆. 运动训练学［M］. 北京：人民体育出版社，2012：32.

第二节　乒乓球运动员竞技能力的构成要素

一、竞技能力构成要素划分方法的发展演变过程

关于运动员竞技能力的构成要素，众多学者根据相关要素在比赛过程中的地位和作用进行了不同的组合搭配，以期构建更加完整的竞技能力构成要素系统。关于竞技能力的构成要素，我国学者由最初的"三分法""四分法"，逐步发展到"五分法""六分法""七分法"，再到逻辑更加严谨的"五分法"，体现了竞技能力结构由不完整到完整、由逻辑不够严谨到逐渐完善、由主观认知逐渐到客观理性的过程[1]。其中，"三分法"是将竞技能力分为体能、技能、心理能力3个构成要素，该划分方法将战术能力包含在技能之中，但对运动智能尚未引起足够的重视；"四分法"是将竞技能力分为体能、技能、心理能力、运动智能4个构成要素，该划分方法继续将战术能力包含在技能之中，同时重视运动智能；"七分法"是将竞技能力分为机能、形态、素质、战、技、心、智7个构成要素，该划分方法将战术能力首次独立罗列，突出了战术的重要性，但机能、形态、素质等体能构成因素与战、技、心、智各子能力并列，逻辑层次不当；"六分法"是将竞技能力分为体、技、战、心、智、思（思想作风）6个构成要素，在该划分方法中思想作风是在获取知识和运用知识的过程中形成的，属于知识能力的范畴。"五分法"是将竞技能力分为体、技、战、心、智（运动智能）5个构成要素，与"三分法""四分法""七分法""六分法"相比，"五分法"更加科学合理。至此，对竞技能力构成要素的划分，我国学者经历了"由少到多"直至趋于稳定的"五元要素"发展演变过程。

二、乒乓球运动员的体能

根据"五分法"，乒乓球运动员的竞技能力分为体能、技能、战术能力、心理能力和运动智能5个要素。在乒乓球训练和比赛中，体能表现为速度、力

[1] 李赞. 竞技能力理论的中国建构 [J]. 中国体育教练员，2019，27（3）：3-8.

量、灵敏等，技能表现为动作质量、动作稳定性，战术能力表现为自身发挥、干扰对手、影响判定，心理能力表现为参赛情绪动员、比赛情绪控制、竞技意志保持，运动智能表现为竞技知识的掌握与运用[1]。

乒乓球运动员竞技能力的各个构成要素在整个竞技能力中有着不同的作用和价值。体能包括形态、机能和运动素质，是乒乓球运动员进行训练和参赛的必要的自身物质条件。根据乒乓球运动的特点，要求运动员具有身高体重适当、四肢修长、足弓高等形态学特征；具有白肌纤维比例大、磷酸盐代谢水平高、神经过程灵活性高、前庭分析器功能完善等机能特征；具有反应速度快、移动速度快、爆发力强、灵活性好、柔韧性好、平衡能力强等运动素质。张瑛秋、甄志平、孙晖晓在《中国优秀青年乒乓球运动员身体素质特征分析》一文中指出："目前女运动员上肢的爆发力和灵敏素质是影响其竞技能力的主要身体素质。目前男运动员仅仅依靠凶狠还不能成为顶尖高手，顶尖高手还应具备非凡的控制球能力和身体灵活性。"[2]

三、乒乓球运动员的技能

乒乓球运动的基本技能包括发球、接发球、搓球、攻球、拉球等技术，技能形成的三个阶段分别是初步掌握技术阶段、巩固和提高阶段、动作定性达到自动化完善阶段。技能环节可分为判断、移动、击球、还原。技能的掌握情况完全取决于运动员对技术动作各个环节的认识水平，同时受心理素质、运动素质和运动经验等各方面因素的影响。张瑛秋在《中国优秀青年乒乓球运动员技术特征分析》一文中指出：女运动员正手上手一板球的质量、反手的相持能力以及正手机会球的杀伤力对她们竞技水平的影响较大，应加强此方面的训练。女运动员要想攀登高峰，就必须提高接发球的能力和相持能力，而目前女运动员仅仅依靠两面摆速不失误的打法，已很难达到顶峰，因此要特别重视女运动员正手攻击力的培养。男运动员在基本训练中各项技术的差异不明显，说明国家集训队的男运动员定点定线的技术均已成熟。因此，男运动员要想冲击世界乒坛高峰，仅仅练好基本功还是不够的，必须到实战中去锻炼，以提高他们各

[1] 田麦久，刘大庆，熊焰. 竞技能力结构理论的发展与"双子模型"的建立 [J]. 体育科学，2007，27（7）：3-6.

[2] 张瑛秋，甄志平，孙晖晓. 中国优秀青年乒乓球运动员身体素质特征分析 [J]. 西安体育学院学报，2006，23（1）：71-73，81.

项技术的衔接能力、攻防转换能力、准确把握比赛和对手的能力[1]。

四、乒乓球运动员的战术能力

战术能力是指运动员在比赛中根据自己和对手的具体情况，正确而有目的、有意识地运用所掌握的各种技术、充分发挥自己的特点，限制对方的长处，紧紧抓住对方的弱点，为战胜对手而采取合理有效的方法。乒乓球运动的基本战术主要有发球抢攻、接发球抢攻、搓攻、拉攻、削攻、对攻等。实用、机动的战术能力常常是乒乓球运动员比赛取胜的决定性要素，并能帮助运动员更为充分和有效地发挥其体能和技能水平。张瑛秋在《中国优秀青年乒乓球运动员战术特征分析》一文中指出：女运动员在战术水平上，不同竞技能力的运动员之间存在着明显的差距，主要表现在得分率上，说明优秀运动员具有较好的战术意识和能力，可以根据对手的情况，利用自己的技术特长，为自己的进攻创造机会、抑制对方进攻的能力。男子运动员在战术上，不同竞技能力的运动员之间存在着明显的差距，主要表现在得分率上，特别是正手的得分率。说明优秀的男子运动员除具有较好的战术意识和能力，可以根据对手的情况，利用自己的技术特长，为自己的进攻创造机会、抑制对方进攻的能力外，还必须特长突出[2]。合理应用战术是争取胜利的必要条件，而有效战术的标志就是造成对方失分，进而赢得比赛的胜利。在乒乓球比赛中，运动员要根据自己的打法类型和自身的特长技术，制定出适合自己的战术，并根据场上情况的变化及时调整战术，以达到赢取比赛的目的。

五、乒乓球运动员的心理能力

心理能力包括心理特征和心理过程，是乒乓球运动员进行专项训练和参加专项竞技必要的自身精神条件[3]，主要表现在集中稳定性、注意瞬脱、注意分配、注意转移诸方面。其中，集中稳定性是指注意能长时间集中于一定的对

［1］张瑛秋. 中国优秀青年乒乓球运动员技术特征分析［J］. 天津体育学院学报，2005，20（5）：22-24.

［2］张瑛秋. 中国优秀青年乒乓球运动员战术特征分析［J］. 中国体育科技，2006，42（1）：99-101.

［3］田麦久，刘大庆，熊焰. 竞技能力结构理论的发展与"双子模型"的建立［J］. 体育科学，2007，27（7）：3-6.

象或活动没有明显的松弛或分散的状态特征[1]；注意瞬脱是指在多重任务的RSVP中，被试对目标刺激的正确辨认阻碍其对后继刺激的辨认现象[2]；注意分配是指在同一时间内被试把注意指向于不同的对象；注意转移是被试有意识地根据任务的需要，主动地把注意从一个对象转移到另一个对象上。张瑛秋、孙麒麟、严春锦在《中国优秀青年乒乓球运动员心理特征分析》一文中指出：女子不同竞技能力的运动员在集稳能力和三瞬指数上存在显著差异，注意力的各项指标对运动员竞技能力的影响主要表现在注意力的集中稳定性和瞬脱上，因此在选材中应注意发现那些注意力集中、稳定性较好的运动员，并在训练中加强培养。男子不同竞技能力的运动员在注意力方面同样存在显著差异，说明尽管目前国际乒坛技术发展到一个较高的水平，比赛球速快、力量大，对方运动员的回球千变万化，场上局面瞬息万变，但优秀的乒乓球运动员依然能够根据场上的情况，提前将注意力转移到一个具体的对象上，并提前做好准备，否则将无法打出高质量的回球，并有效地控制场上的局面。所以，在选材时应注意挑选那些注意转移能力强的运动员，并在技术定型后，增强战术训练的比重，特别是无序训练的比重，以发展运动员注意力的分配能力[3]。

六、乒乓球运动员的运动智能

"身体运动智能"（Bodily-Kinesthetic intelligence）一词是由美国哈佛大学教授霍华德·加德纳首次在"多元智能理论"中提出，他认为运动智能是指善于运用整个身体来表达思想和情感、灵巧地运用双手制作或操作物体的能力[4]。我国训练学专家曾于久认为，运动智能是指运动员专项的智商能力，它是借助于人的内部语言在头脑中建立和形成认识运动本质规律的活动方式，并能应用专项知识恰到好处地分析和解决比赛中的实际问题[5]。田麦久

[1] 曾振豪.优秀乒乓球运动员的气质类型与其类型打法内在联系的研究 [J].中国体育科技，1993，29（5）：24.

[2] 刘惠元.高水平乒乓球运动员发球战术的心理应用 [J].中国体育科技，1993，29（9）：20.

[3] 张瑛秋，孙麒麟，严春锦.中国优秀青年乒乓球运动员心理特征分析 [J].武汉体育学院学报，2006，40（2）：50-53.

[4] Howard Gardner. Ultiple Intelligences：After Twenty Years [R]. Chicago. Illinois April 21，2003（8）：58.

[5] 曾于久.散打运动员智能的概念和结构 [J].武汉体育学院学报，2000，34（3）：100-103.

认为，运动智能是智能的一种，是指运动员以一般智能为基础，运用体育运动理论在内的多学科知识，参加运动训练和运动比赛的能力，是运动员竞技能力的重要组成部分[1]。罗彦平认为，运动智能是运动员内在心理潜能与体育知识水平综合而成的智力能力，并根据认知心理学关于对智能的界定及其相关研究，初步确立运动智能的5个维度，分别是运动想象（指运动员有意识地在头脑中重现已经形成的动作表象或形成新的动作表象的练习）、注意能力（表示注意的稳定性、抗干扰性或注意集中的程度）、运动感知觉能力（它是运动员在运动实践中经长期专项训练所形成的一种精细的综合性知觉，能对自身运动和环境线索做出敏锐和精确识别与觉察的能力）、运动思维能力（主要指的是操作思维能力，反映的是肌肉动作和操作对象的相互关系及其规律的一种思维活动能力）、运动记忆能力（指以自己做过的动作、运动为内容在头脑中的反映）[2]。乒乓球运动员的运动智能也就是刘国梁总教练常说的"球商"，主要表现为乒乓球运动员掌握和运用科学知识，特别是专项竞技知识的能力，对于运动员提高训练效益，取得竞技胜利有着重要的影响，在高水平竞技活动中常常发挥着更加突出的作用。随着现代乒乓球运动训练和比赛水平的提高，对运动员智能水平的要求也越来越高，具有较高运动智能的竞技选手，对于掌握专项竞技特点和规律、把握技战术的精髓和实质、提高运动成绩等方面具有重要作用。因此，改进当前乒乓球运动员的智能训练状况，有效地开发乒乓球运动员的智能水平，对于提高乒乓球运动员的训练水平和竞技水平具有重要的实际意义。

第三节　乒乓球运动员的竞技能力结构

一、木桶型竞技能力结构

"木桶理论"是经济学界在描述经济结构时创立的，它形象地把制作木桶的各条木片比作经济结构中的各个因素，木桶里所盛的水即代表着总体的经

---

［1］田麦久.运动训练学［M］.北京：高等教育出版社，2006：17.

［2］罗彦平，梁建平，周维臻，等.运动智能结构的测量及相关分析［J］.天津体育学院学报，2011，26（5）：444-448.

济水平。如果有一条木片短于其他木片，木桶的高沿出现一个缺口，桶里的水便会从这个缺口流出，直至水平面与这一条短木片的上沿齐平（图4-1）。因此，可以说木桶盛水量的多少取决于组成"木桶"最短的那块"板子"。由于是指某一事物的发展和成效取决于全部因素中最为不利的一个因素，即短板子，所以"木桶理论"也被称为"短板"理论。"木桶理论"和机械设计中的等强原则非常相似。等强原则认为，一台由若干零部件组成的机器的寿命由最薄弱的部位决定。如果最薄弱的部位坏了，其他部位再好也没用，由此可以把"短板"理论视同为等长原则。不论是等强原则、等长原则，还是"短板"理论、"木桶理论"，其实质都是要求对构成整体的各个部分进行科学合理的配置，使有限的资源产生最大的效益[1]。

图4-1 木桶效应

1985年，日本学者根本勇，把经济学界的"木桶模型"引入运动训练领域，用于解释运动员竞技训练内容的相互关系。他用桶中所盛的水平面的高度表示运动员的总体竞技水平，各个木片的长度则代表不同的子能力，即体能、技能、心理能力的发展状况，强调各要素的"协调和全面发展"[2]。1987年，田麦久将"木桶模型"与"模式训练"联系到一起，认为"模式训练"就

[1] 孙喜新，贾风先，刘其先，等. 木桶理论：元意、新解与博弈 [J]. 化工技术经济，2002，20（4）：47-49.

[2] 根本勇，林栋，译. 运动训练的基本原则 [J]. 冰雪运动，1987（2）：10-14.

是要求教练员在训练过程中，将运动员竞技能力的现实状态与优秀运动员竞技能力结构模型进行比较，找出差距，明确训练要求。"木桶模型"引入乒乓球训练后形成了"技术全面"的训练理念，而这里的"技术"并非狭义的基本技术，囊括了体能、技能、战能、心能和智能，代表着乒乓球运动员的竞技能力。换言之，在"木桶理论"视域下，要求乒乓球训练要有计划地全面发展运动员的体能、技能、战术能力、心理能力和运动智能，其中要特别关注短板，及时地弥补短板的长度，进而通过各子能力的均衡发展，实现乒乓球运动员整体竞技能力的不断提高。木桶型竞技能力结构形象地将乒乓球运动员的竞技能力比喻为一个由体能、技能、战术能力、心理能力和运动智能五条木板围成的水桶，让我们对乒乓球运动员的竞技能力了解起来更加直观。木桶型竞技能力结构表达的是一种对于平衡的追求，要求我们在训练中不断地通过"补短"注意保持不同竞技能力之间的均衡发展。

二、积木型竞技能力结构

2000年，刘大庆博士研究认为，采用平均数法为不同项目运动员制定的竞技能力结构模型虽然具有比较集中的代表性，但由于运动训练过程、个体条件和环境条件的差异，"运动员个体竞技能力的各个构成因素的发展大都呈不均衡状态"[1]，运动员竞技能力结构中各个子能力之间的不均衡状态是普遍存在的，呈现非衡结构的特征。但同时我们又应看到，总体竞技能力构成因素中某种素质或能力的缺陷，在一定程度上又可以被其他高度发展的某种素质或能力所弥补或代偿，从而使得总体的竞技能力保持在一个特定的水平上。如邓亚萍的身高明显低于世界优秀女子乒乓球运动员的模型水平，但是快速灵活的步伐、凶狠怪异的技术风格对其较低的身高条件进行了补偿；马琳的反手技术明显薄弱，只能防御不能进攻，但是强大的正手攻击力和大范围的正手跑动能力弥补了其反手的不足。正是运动员竞技能力非衡结构中的这一补偿效应，使得他们总体竞技水平都能够达到世界一流水平，并获得世界冠军。

根据运动员竞技能力的非衡结构及其补偿效应，田麦久、刘大庆设计了新的运动员竞技能力结构模型——"积木模型"。这个新的模型如同一个积木堆，设定它由绿、红、黄3种颜色的若干个小积木块构成。把这个积木堆的体

---

[1] 刘大庆.运动员竞技能力非衡结构补偿理论 [J].体育科学，2000，20（1）：43-46.

积比作运动员竞技能力的总体水平，绿、红、黄 3 种颜色的小积木块则代表不同的子能力。如果从积木堆中去掉 2 块黄色的小积木，再用 1 块绿色的小积木和 1 块红色的小积木"补偿"到积木堆中，积木堆的体积[1]，即运动员竞技能力的总体水平仍然保持不变，以此直观地展示竞技能力的非衡结构及其补偿效应[2]。"积木模型"在乒乓球训练中主要体现为"特长突出"的训练理念，如王皓的直拍横打、许昕的正手对拉等都是特长技术，其中王皓的直拍横打在一定程度上弥补了侧身进攻的不足，许昕的正手对拉在一定程度上弥补了反手进攻的不足，正是运动员竞技能力非衡结构中的这一补偿效应，使得他们总体竞技水平都达到相当的高度，成为世界优秀运动员。目前，世界乒坛特长技术最为突出的运动员就是日本的天才少女伊藤美诚。伊藤美诚反手生胶，能拉、能弹，击球力量大、速度快，弧线飘忽且带下旋，让人很难适应。伊藤美诚通过主动加强优势要素，实现了对身高、正手等弱势要素在一定范围内的补偿，从而使整体竞技能力处于世界超一流的水平，成为东京奥运会中国女乒的主要竞争对手。

三、皮球型竞技能力结构

2010 年，李岩等人以系统理论和混沌理论为依据，以人的生物体特征为基础，参照运动训练和运动竞赛的规律，建立了皮球型竞技能力结构模型。皮球型竞技能力结构以具有弹性的皮球为主体，皮球外形是由五瓣组成，分别代表竞技能力的五个要素：体能、技能、战术能力、心理能力和运动智能，这五个球瓣组成一个具有一定弹性的球体，每一要素在球体内分别占有不同的空间[3]。皮球模型从系统的角度出发，与木桶模型、积木模型相比，具有两个明显的特征，一是整体性特征，二是动态性特征。

第一，整体性特征。整体性特征是皮球型竞技能力结构最显著的特点。皮球理论模型认为运动员竞技能力结构是由各子要素紧密结合而成的具有一定弹性的球体，其中任何构成要素发生变化都会通过皮球的弹性表现出来，

---

[1] 田麦久. 体育发展战略研究与学科建设 [M]. 北京：北京体育大学出版社，2003，196-210.

[2] 田麦久. 我国运动训练学理论体系的新发展 [J]. 北京体育大学学报，2003，26（1）：145-148.

[3] 李岩，董云振，李珂. 竞技能力结构模型的分析与新议——皮球理论模型的建立 [J]. 北京体育大学学报，2010，33（2）：116-118.

同时该模型不是封闭系统，皮球可以通过气门与外界发生联系，进行能量、信息的交换，具有开放性。正如竞技能力的各构成要素体、技、战、心、智一样，在运动训练的引导过程下，使这一整体不断发生着深刻的变化，同时通过信息的反馈作用，与教练员以及外界训练环境进行信息的互换来影响自身的竞技能力状态[1]。

第二，动态性特征。动态性特征是皮球型竞技能力结构最突出的特点，这也是以往模型没有解决的问题。皮球模型以皮球这种具有一定空间立体形态的模型作为竞技能力的体现，可以充分利用皮球弹性的变化来动态地表现和判断运动员在比赛过程中或者训练周期中竞技能力总体水平的高低。如某一阶段，运动员训练比较系统扎实，运动员的竞技能力水平就会提高，则皮球弹性变大，可以弹得更高；反之，某一阶段运动员训练不够系统或伤病不断困扰，竞技能力下降，则皮球弹性变小，皮球的弹起高度下降。因此，运动员在运动训练过程中以及比赛时竞技能力水平的提高或下降，都可以通过皮球模型的弹性变化动态、直观地体现出来[2]。

与此同时，皮球型竞技能力结构的动态性特征还可以反映竞技能力与竞赛环境的互动关系。所谓的竞赛环境，这里特指施加于该模型的外在压力。在一定范围内，外界压力越大，竞技能力的皮球模型反应越强烈，即竞赛时的超水平发挥。但当外界压力超出模型所承受的范围时，模型就会爆裂，即竞技能力的结构遭到破坏，运动员竞赛时的发挥失常。如2017年4月在中国无锡举办的第23届亚洲乒乓球锦标赛上，日本乒乓球运动员平野美宇连续战胜丁宁、朱雨玲、陈梦三大中国主力，一举夺得了冠军。从整体竞技能力看，丁宁、朱雨玲、陈梦的水平明显高于日本小将平野美宇，但是在无锡亚锦赛上，尤其是在丁宁爆冷出局后，来自外界的压力超出朱雨玲和陈梦的竞技能力结构模型所承受的范围，而这个压力主要来自心理，致使朱雨玲和陈梦的竞技能力结构遭到破坏，表现在赛场上就是发挥失常，继而丢失金牌。

［1］李岩，董云振，李珂. 竞技能力结构模型的分析与新议——皮球理论模型的建立［J］. 北京体育大学学报，2010，33（2）：116-118.

［2］李岩，董云振，李珂. 竞技能力结构模型的分析与新议——皮球理论模型的建立［J］. 北京体育大学学报，2010，33（2）：116-118.

四、网络型竞技能力结构

网络是由节点和连线构成的，表示诸多对象及其相互联系。在节点或连线旁标出的数值，称为点权或线权，有时不标任何数。用数学语言说，网络是一种图，一般认为它专指加权图。网络除了数学定义外，还有具体的物理含义，即网络是从某种相同类型的实际问题中抽象出来的模型，习惯上称其为什么类型网络，如开关网络、运输网络、通信网络、计划网络等。总之，网络是从同类问题中抽象出来的用数学中的图论来表达并研究的一种模型。

2012年，杜长亮等人以复杂性科学为研究的方法论，用复杂网络具体方法，从运动员竞技能力构成要素体能、技能、战术能力、心理能力和运动智能中抽象出了竞技能力网络结构，这也是一种用数学中的图论来表达并研究的模型。运动员竞技能力网络源于点，成于边，即点是竞技能力网络结构组成的基础源泉，而边是竞技能力网络结构演化升级的驱动力[1]。从空间上看，竞技能力网络结构的组成存在多层级性。郑念军指出，从最高层次讲，竞技能力可认为是由体能、技能和心理能力组成；从第二个层次讲，是由形态、机能、运动素质、技术、战术、心理、智能组成；从第三个层次讲，可认为是由身高、体重、胸围等诸多要素组成；依据不同层次，可以将竞技能力组成要素向下进一步细分下去。竞技能力在结构的组成上是多层次的，但在结构的内部关系上却表现出同层链接和跨层链接的错综复杂，各能力间需要按照一定的规则或需要进行组合，而组合的目的就是要找到一种恰当的方式，使已有的或潜在的能力能够满足竞技能力结构整体属性或功能的要求[2]。

从时间上看，竞技能力网络结构在生成和发展过程中存在着相对稳定性与绝对可变性。当运动员的竞技能力达到某一水平时，就会相对维持在这一特定状态上，直到通过超常的负荷刺激来打破此平衡进入更高层次的竞技能力水平，而运动员处在不同的训练阶段以及不同水平的运动员竞技能力网络结构构成亦不一样，维持各自竞技能力状态所需要的训练负荷也各异。正手进攻是乒乓球运动员得分的重要手段，但正手杀伤力不足是目前大部分高水平乒乓球运

[1]杜长亮，丁振峰.竞技能力网络结构特征［J］.体育科学，2012，32（10）：39-49.

[2]郑念军.竞技能力新论［J］.西安体育学院学报，2001，35（1）：51.

动员的通病，其核心原因是正手杀伤力达到某一水平时，就会相对维持在这一特定状态，注重连续性的正手进攻训练只有量的积累，因此很难通过超常的负荷刺激来打破原有的平衡达到更强的杀伤力。因此，提高正手杀伤力的有效手段就是使用超常的负荷刺激，而这种超常的负荷刺激只能通过发全力进攻的方式来解决，这是以牺牲连续性为代价的训练方式，但可以打破原有的正手杀伤力瓶颈，达到更高层次的杀伤力水平。除了超常的负荷刺激，运动员在某时刻的稳定性持续一段时间的训练负荷刺激后，产生训练累积效应也能跃迁到另一状态，需要特别强调的是，持续训练的时间要长，经受的训练负荷刺激也要达到一定的强度，两者缺一不可。

从演化规律来看，运动员竞技能力网络结构的演化存在明显的非线性。传统训练理念把人看成是由许多机械部分组成的机器，运动员的竞技能力是各种竞技子能力的简单加和。以机械、线性的竞技能力模型作为理论基础，追求一种简单明了的因果关系，以此来说明运动训练的确定性规律并预测运动成绩的变化和发展。然而，在运动实践过程中，有很多难以用传统的训练理论与方法解释的现象。例如，王皓刚进入国家队期间，教练组就提出在王皓的反手技术体系中添加推挡技术，主要用于近台中路球的防守。按照线性思维，王皓反手添加推挡后，反手技术体系会更加丰富与完善，近台可以使用推挡技术进行防御，退台可以用直拍横打反拉、弹击、快带等方式进攻，形成近可防退可攻的理想反手技术体系。但通过一段时间实践后发现，推挡很难融入王皓的反手技术体系，有时甚至会出现干扰直拍横打的现象，也就是说添加推挡并没有出现预期的简单叠加效果。可见，运动员竞技能力网络结构的演化存在明显的非线性。

竞技能力是乒乓球运动员参加比赛的主观条件或才能，是综合表现在训练和竞赛过程之中的体能、技能、战术能力、心理能力和运动智能等要素之和。作为生产乒乓球竞赛成绩的运动训练过程，其核心任务便是发展和提高乒乓球运动员的竞技能力。因此，竞技能力在运动训练理论中具有举足轻重的地位。研究并建立乒乓球运动员竞技能力的结构模型，是实施模式训练的重要工作环节。因此，国内许多训练学学者对竞技能力结构模型进行了探讨，提出了"木桶型""积木型""皮球型""网络型"等多种竞技能力结构。"木桶型竞技能力结构"为"模式训练法"提供了理论支撑，但较多地追求竞技能力各构成因素的相对平衡，在训练实践中则偏倚于"补短"。"积木型竞技能力结构"认为运动员竞技能力结构的非衡现象普遍存在，其优势因子可在一定范围内对弱势因子予以补偿,通过"扬长"保证了运动员总体竞技能力的不断发展与提高。"皮球型竞技能力结构"虽然直观地反映了各子能力与整体竞技能力之间的动态关系,但是各子能力的影响力大小问题并未给予关注。"网络型竞技能力结构"试图尝试证明一些关于竞技能力结构整体涌现性的定理,但没有科学解释竞技能力结构整体涌现性的机制是什么?尽管"木桶型""积木型""皮球型""网络型"等多种竞技能力结构还存在这样或那样的问题,但正确地认识和把握竞技能力结构对乒乓球训练有着重要的科学意义和应用价值。

第五章 复杂性思维视域下乒乓球运动员竞技能力系统的复杂性

思维方式是人们在思维过程中必然要运用的各种思维模式、样式的总和，其中包括人们思考问题和认识事物的各种原则、步骤、方法、标准、逻辑形式以及各种倾向与习惯，也包括由各种基本概念、范畴和原理所反映出来的理论框架或规范[1]。它不仅规定着人们在什么样的矛盾关系中思考和评价，按照什么尺度去鉴别真伪与善恶，而且表达了思维主体展开思维的视角、方向、空间范围以及思维所采取和应用的方法与手段等多项含义，规定着科学研究的基本范式[2]。长期以来，人们一直把简单性思维作为认识世界、认识自身的主导思想，努力探究物质构成的简单性、运动规律的简单性和科学方法的简单性。受简单性思维影响，整个乒乓球运动员竞技能力研究的框架、路线和模型处处体现着还原性、线性、确定性、有序性、静态性等简单性特征。

进入21世纪，随着乒乓球器材的改进、规则的完善、技术的发展和训练水平的提高，乒乓球运动员之间的竞技实力差距越来越小，竞技水平向着人类运动"极限"不断逼近，在赛场上时常会涌现出不确定性、偶然性和难以预测等复杂现象。面对这些高度复杂的问题，传统的简单性思维方式已经不能有效地解释和处理，用复杂性思维去认识与把握具有复杂性特征的乒乓球运动员竞技能力系统是当代乒乓球理论研究的重要内容，且对乒乓球训练实践具有重要的现实意义（图5-1）。鉴于此，本章主要借用复杂性科学的研究成果，对乒乓球运动员竞技能力系统的复杂性进行探索，旨在引导专家学

[1] 尹星凡，王斌. 论思维方式的四种基本历史形态 [J]. 南昌大学学报：社会科学版，2003，34（1）：15-19.

[2] 马卫平. 复杂性思维视野中的体育研究——对我国体育研究中的思维方式之反思 [J]. 体育科学，2007，27（1）：76-84.

者、教练员和运动员更加全面、深刻地了解竞技能力系统，从而更好地指导与服务乒乓球运动训练实践。

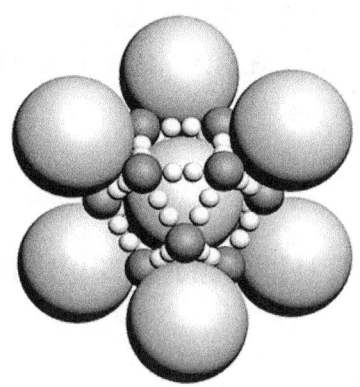

图5-1　复杂性科学

第一节　简单性思维视域下乒乓球运动员竞技能力研究的简单化

一、简单性及简单性思维

在过去的400多年中，人类一直把简单性看成事物的本质属性，将简单性思想作为主导思想，努力探索物质构成、运动规律和科学方法的简单性。牛顿在《自然哲学的数学原理》中宣称："除那些真实而已足够说明其现象者外，不必去寻求自然界事物的其它原因。"他解释说："自然界不作无用之事，若少作已成，多作则无用，因为自然界喜欢简单化，不爱用多余的原因夸耀自己。"[1]这就是简单性原则，牛顿把简单性看作自然界的固有属性，并试图从牛顿三定律出发演绎出自然界的一切运动规律。爱因斯坦认为"科学最基本的观念，按其本质来说，大都是简单的"[2]。他提出了自然规律的内在一致

[1] 牛顿. 自然哲学的数学原理 [M]. 郑太朴，译. 北京：商务印书馆，1963：693.

[2] 孙小礼. 关于复杂性与简单性的学习、思考片段 [J]. 系统辩证学学报，2001，9（4）：49，3.

性和逻辑简单性原理，并把简单性作为一生的追求，而且不惜花费后半生的全部精力试图把万有引力与电磁相互作用通过几何化方法将它们统一起来[1]。在经典科学时代，牛顿、爱因斯坦等一大批科学巨匠，始终将简单性当作科学追求的最高目标。从经典科学家的非凡成就和历史功绩不难看出，简单性思想的确是一种能够合理地构造科学理论体系的一个极为有用的方法论原理。在简单性思维的主导下，乒乓球运动员竞技能力研究主要表现出了还原性、线性和确定性等简单性特征。

二、乒乓球运动员竞技能力研究的简单性特征

（一）还原性特征

还原论作为经典科学的研究范式，主张把高级运动形式通过分解还原为低级运动形式[2]，强调用"分解"的方法把整体拆分为部分，坚信世界是由基本粒子等"宇宙之砖"构成，"宇宙之砖"的性质从根本上决定了世界的性质[3]。根据这种方法论主张，学者们把乒乓球运动员竞技能力按照从上到下的顺序首先分解为体能、技能、战术能力、心理能力、运动智能5个要素，但这5个要素并非支撑乒乓球运动员竞技能力的"宇宙之砖"。体能、技能、战术能力、心理能力、运动智能被进一步分解，其中体能被分解为形态、机能、运动素质等要素；技能被分解为发球、接发球、攻球、拉球、搓球等要素；战术能力被分解为搓攻、拉攻、对攻、削攻等要素，等等。还原论所形成的思想和研究范式，开辟了乒乓球运动员竞技能力训练研究的还原之路，形成了乒乓球运动员竞技能力的还原性知识体系，对乒乓球运动员竞技能力的理论研究和训练实践具有一定的指导作用。

[1] 魏宏森.复杂性研究与系统思维方式 [J].系统辩证学学报，2003，11（1）：7–12.

[2] Bickle J. Ruthless Reductionism in Recent Neuroscience [J]. IEEE Transactions on systems, man and cybernetics, 2006, 36（2）: 134–140.

[3] 孙恩慧，王伯鲁.复杂网络方法与还原论方法关系探析 [J].长沙理工大学学报：社会科学版，2017，32（4）：22–28.

（二）线性特征

"线性"与"非线性"原本是一对数学名词。所谓"线性"，是指两个变量具有正比例的关系，在笛卡儿坐标平面上表示为一条直线；而"非线性"是指两个变量之间没有像正比例那样的"直线"关系，在坐标平面上表示为一条曲线[1]。线性关系是一种简单的、不变的、直接的因果关系，满足叠加原理。建立在经典科学基础上的传统乒乓球训练理论，以线性科学模型作为理论基础，追求的是一种简单明了的因果关系。面对乒乓球运动员竞技能力的非线性现象，往往把它看作是对线性行为的微小扰动，总是想方设法地"化曲为直"，始终认为乒乓球运动员竞技能力就是体能、技能、战术能力、心理能力和运动智能的简单加和，提高乒乓球运动员竞技能力就是分别提高体能、技能、战术能力等各个方面的能力。线性思维方式的逻辑性和推理性，使学者们在发现、分析、解决乒乓球运动员训练中的问题时更加条理化、清晰化，它无疑在乒乓球运动科学化训练的发展道路上，以及在对乒乓球运动训练规律的科学把握上发挥了重要的作用。

（三）确定性特征

经典科学把不确定性赶出了自然界，为我们描绘了一幅完全确定的宇宙或者说世界图景[2]。创造性地把实验与数学、数学与逻辑、归纳与演绎相结合，并用分析和综合的方法把自然界归结为由几个"永恒"定律统治着的抽象世界，认为万物都有"一一对应"的关系，即"一组确定的初值导致一条确定的轨道，它一举决定体系的过去与未来[3]。形成了一种追求秩序、精确、稳定和可预见的确定性思维。忽视了客观世界的无序、随机、模糊和不可预见等不确定性，掩盖了事物内在的丰富个性和复杂变化。受确定性思维影响，乒乓球运动训练始终在追求一种科学的理论体系，并过分热衷于总结和抽象出普遍

［1］李宏伟，远德玉.对非线性科学的几点思考［J］.东北大学学报：社会科学版，2001，3（3）：168-170.

［2］苗东升.确定性：终结还是破缺——读《确定性的终结》［J］.湘潭师范学院学报，2000，21（4）：69-72.

［3］郝柏林.分岔、混沌、奇怪吸引子、湍流及其它——关于确定论系统中的内在随机性［J］.物理学进展，1983，3（3）：329-415.

适用的训练法则，以此来说明乒乓球运动训练的确定性规律。在乒乓球运动员的启蒙阶段，竞技能力的形成和发展往往有迹可循——"练什么，长什么"，预期和回报一般都表现出一定的确定性。但随着竞技能力的提升，启蒙阶段行之有效的训练法则逐渐失灵，不再是"练哪儿，长哪儿"，竞技能力的发展变得难以确定和捉摸不透。

三、乒乓球运动员竞技能力简单性研究的局限

虽然简单性科学对乒乓球运动员竞技能力的理论研究产生了重要的影响，对乒乓球运动的训练实践做出了巨大的贡献。但是，随着乒乓球运动员竞技能力研究的不断深入，简单性思维已经不符合当代乒乓球运动训练飞速发展的客观要求，其局限性开始日益显露。

首先，对于乒乓球运动员竞技能力有机体来说，竞技能力子系统——体能、技能、战术能力、心理能力、运动智能不是简单的线性关系，而是一种强烈的非线性关系[1]。根据还原论的研究方法，通过分解还原的形式，把乒乓球运动员竞技能力归结为线性问题，把复杂现象加以简化，用近似线性的模型来分析非线性的原型，这样处理问题的确简单，但失去了乒乓球运动员竞技能力系统具有的本质特征，并不能完全适用于乒乓球运动员竞技能力的科学研究。

其次，乒乓球运动员竞技能力的结构具有层次性，宏观层次具有宏观规律，微观层次具有微观规律，不能用微观层次的规律来把握宏观层次的属性和功能。长期以来，乒乓球运动员竞技能力的训练方法、计划和原则，始终以提高运动员体能、技能、战术能力等子系统能力来代替整体竞技能力的提升。把提升运动员竞技能力这个复杂性问题，简单地通过分解还原为提升体能、技能、战术能力等各个子系统能力的问题，并以训练各个子系统能力的方式来代替对乒乓球运动员竞技能力整体的把握和控制，用低级运动形式决定高级运动形式，这种还原的思想严重脱离了竞技能力存在的结构性基础[2]。

最后，简单性思维割舍了乒乓球运动员竞技能力各部分之间的相互作用，

[1] 仇乃民. 竞技能力系统的复杂性及其网络模型 [J]. 山东体育学院学报，2016，32（4）：103-108.

[2] 张春合. 体育学科研究方法的多元融合及关系辨析——基于还原论与复杂论 [J]. 2014，31（4）：397-403.

使竞技能力的整体属性断裂。乒乓球运动员竞技能力的子系统实际上是将整体的竞技能力以"拆零"的方式，根据外在静态的功能表现进行的机械拆分，人为地割断了各个子能力之间的相互作用，过分强调体能、技能、战术能力等各子能力的功能，完全忽视了体能与技能、技能与战术能力等各子能力之间的相互作用与关系，并试图以此来表达乒乓球运动员竞技能力的整体性态。然而，乒乓球运动员竞技能力的整体属性完全超越了各子能力结构、属性和功能的集合，它是由体能、技能、战术能力等各子能力相互联系和相互作用的序列表现，即源自较低层次能力的涌现[1]。

第二节　复杂性思维视域下乒乓球运动员
竞技能力系统的复杂性

一、复杂性及复杂思维

从追求简单性到研究复杂性，人类科学史上迎来了一次重大革命。20世纪30年代以来，随着科技的进步和社会的发展，在事物的诸多方面都涌现出了各式各样的复杂性，迫使人们摒弃以往的简单性原理和简单性思维，将目光投向了复杂性研究。20世纪40年代，贝塔朗菲率先创立了一般系统论，标志着复杂性科学的诞生[2]。随后维纳的控制论、普利高津的耗散结构理论、哈肯的协同学、艾根的超循环理论等一大批复杂性成果相继问世。在复杂性科学思潮的推动下，1984年国际上出现了专门从事复杂性科学研究的机构——圣塔菲研究所。这个研究所是在三位诺贝尔奖得主盖尔曼、安德森、阿罗的大力推动下建立起来的，时称"老帅倒戈"，给全世界科学界带来了巨大的震动。进入21世纪后，世界各国的学术精英纷纷敏锐地意识到"复杂性"研究的重要性，从自然科学到社会科学各学科专家竞相把"复杂性"概念引入各自的研究领域，甚至是将其作为基本方法用于解析本学科。史蒂芬·霍金曾预言："我相信，21世纪将是复杂性的世纪。"

[1] 李少丹.越简单性范式，厘清体能训练思路 [J].北京体育大学学报，2009，32（11）：103-106，113.

[2] 金吾伦，郭元林.复杂性科学及其演变 [J].复杂系统与复杂性科学，2004（1）：1-5.

　　由于复杂性研究的领域十分广泛，且每一个领域都有自己的复杂性问题和复杂性概念，因此有近百年发展历史的复杂性科学至今都没有一个被学界公认的概念。在不同领域从事复杂性研究的不同学者，对复杂性有着不一样的理解。尼科里斯和普利高津认为，自组织系统能够通过与环境交换物质、能量，自发地使系统从无序状态转变为有序状态，所以自组织就是复杂性[1]。"混沌之父"洛仑兹认为："复杂性常常用来指对初始状态的敏感依赖性以及与这种敏感依赖性相联系的每一件事。"[2]颜泽贤认为："复杂性是客观事物跨越层次的不能用传统的科学学科理论直接还原的相互作用。"[3]据统计，目前具有重要影响的复杂性定义已超过50余种。由此可见，复杂性是现代科学中最复杂的概念之一，要明确给出精准而统一的复杂性定义十分困难。根据目前对复杂性科学的研究进展，至少不必追求这种概念的统一，应当容忍和接受不同意义下的复杂性，允许不同学科有不同的定义[4]。

　　尽管复杂性的概念种类繁多，但各类复杂性定义都表达了这样一种共识：复杂性就是介于有序和无序之间[5]；复杂性表现为一种众多因素相互作用的状态；复杂性表达了一种不可还原的特征；复杂性即交织在一起的东西[6]。复杂性科学表达了一种全新的思维方式，它打破了以线性、简化、还原思维为主要特征的简单性思维方式，用非线性、关系性、整体性、过程性为主要特征的思维方式考察事物的运动变化，是思维方式的一次重大革命。纵观科学演化史，用复杂性思维探索世界既是历史的必然趋势又是认识论的发展进步，它可以更加深入、全面、详尽地研究世界的本来面目，从而揭示出在简单性思维中难以发现的性质和规律。

［1］崔东明.复杂性科学需要简单性原则吗？［J］.系统科学报，2012，20（2）：14-18.

［2］E·N·洛伦兹.混沌的本质［M］.刘式达，等，译.北京：气象出版社，1997：156.

［3］颜泽贤.复杂系统演化论［M］.北京：人民出版社，1993：50.

［4］沈娟，贾军.复杂性之管窥［J］系统科学学报［J］，2007，15（3）：51-54.

［5］黄欣荣.复杂性究竟是什么——复杂性的语义分析［J］.自然辩证法研究，2004，20（5）：31-35.

［6］吴彤.复杂性范式的兴起［J］.科学技术与辩证法，2001，18（6）：20.

二、乒乓球运动员竞技能力系统的复杂性来源

（一）源于系统主体的复杂性

乒乓球运动员竞技能力系统的主体是人，人的生命既有自然属性又有社会属性，本身就是一个开放的复杂巨系统。从自然属性看，人体不但包括运动、呼吸、免疫、消化、神经、泌尿、生殖、内分泌和循环等子系统，而且包括群体、个体、器官、组织、细胞、分子、量子等层次，各系统、各层次之间相互作用、相互制约，耦合成更加复杂的网络功能，涌现出更加复杂的生命现象[1]。从社会属性看，"由人构成的社会现象呈现极大的随机性、模糊性、不确定性和不稳定性；社会系统的因素多、层次多、子系统多、相互作用多，而且是种类多样的非线性作用；社会时间又不可能完全重复，不具有时间上和空间上的平移不变性。"[2]无论是人的自然属性还是社会属性都是一个极其复杂的大系统，人的这些复杂性特点给乒乓球运动员竞技能力系统研究造成了极大的困难。虽然在简单思维视野中也能看到人，但那是被走、跑、跳、举、屈、伸、投、推、拉、接、停等动作简化描述的人，是被抽去许多人的规定性的人。当乒乓球理论研究专注于追求基本原理、竞技要素、制胜规律、训练理念和技术创新，以便为培养出竞技水平高超的运动员提供理论依据时，却往往忽视对人的全方位考察，而人的复杂性必将导致乒乓球运动员竞技能力系统研究的复杂性。乒乓球运动参与的主体是人，是为人而设的项目，由人而为的事物。在乒乓球理论研究中，能否仅以量的计算代替质的分析，能否不考虑人的因素而孤立地进行探讨[3]，这一切迫使我们进行反思，在研究思维上向复杂性转向，把复杂问题当复杂问题对待。这样显然就强化了乒乓球运动员竞技能力系统研究的科学性，但无形中又加大了研究的复杂性。

[1] 仇乃民，李少丹. 复杂性思维视域中的运动训练科学研究：反思与重构 [J]. 天津体育学院学报，2013，28（6）：513-518.

[2] 孙小礼. 关于复杂性与简单性的学习、思考片段 [J]. 系统辩证学学报，2001，9（4）：49，3.

[3] 马卫平. 复杂性思维视野中的体育研究——对我国体育研究中的思维方式之反思 [J]. 体育科学，2007，27（1）：76-84.

（二）源于系统组分多样性的复杂性

单一性必定是简单性，多样性才能产生复杂性。系统规模大意味着组分数量多，但数量多未必就一定复杂，更容易导致系统复杂性的是组分的种类或样式的多样性。即构成系统的组分数量多但种类单一，系统不会产生复杂性；构成系统的组分数量少但种类丰富，系统则容易产生复杂性。多样性是系统产生复杂性的重要根源[1]。乒乓球运动员竞技能力系统由体能、技能、战术能力、心理能力和运动智能五要素构成，每一个要素下面又有许多子要素，而且每一层子要素还包括其他要素。其中体能包括身体形态、运动机能、运动素质，是运动员进行训练和比赛必要的自身物质条件，从系统层面看表现为速度、力量、灵敏等竞技特征；技能包括发球、接发球、搓球、攻球、拉球等，是运动员合理、有效完成动作的一种能力，从系统层面看表现为动作质量、动作稳定性等竞技特征；战术能力包括发球抢攻、接发球抢攻、搓攻、对攻、拉攻等，是运动员获取比赛胜利的决定性因素，从系统层面看表现为自身发挥、干扰对手等竞技特征；心理能力包括心理特征、心理过程，主要表现在心理控制、心理承受能力、意志品质等诸方面，是运动员进行训练和比赛必要的自身精神条件，从系统层面看表现为参赛情绪动员、比赛心理控制、意志力保持等竞技特征；运动智能主要表现为运动员掌握和运用乒乓球竞技知识的能力，对于运动员提高训练效益，取得比赛胜利有着重要的影响，从系统层面看表现为驾驭比赛、临场应变等竞技特征[2]。乒乓球运动员竞技能力系统的构成要素（组分）不仅数量多、层次多，且差异性大。不同层次竞技要素有着不同的功能作用和竞技特征，同层次与不同层次子能力之间的作用性质亦不同。多样性是乒乓球运动员竞技能力系统产生复杂性的基础，同时复杂性也增加了系统的多样性。

（三）源于系统层次结构的复杂性

无结构的系统和无系统的结构都是不存在的，只要是系统就一定存在结

---

[3] 苗东升. 复杂性科学研究 [M]. 北京：中国书籍出版社，2014：110-115.

[1] 田麦久，刘大庆，熊焰. 竞技能力结构理论的发展与"双子模型"的建立 [J]. 体育科学，2007，27（7）：3-6.

构。一般情况下，系统的结构分为两类：一类是系统的最小组分和系统之间没有任何层次，对系统的最小组分进行整合就可以直接达到系统的整体层次，这样的系统是非层次结构的系统；另一类是系统的最小组分与系统之间至少存在一个中间层次，从系统最小组分经过中间层次的逐步整合才能达到系统的整体层次，这样的系统是层次结构的系统。非层次结构的系统属于简单系统，层次结构的系统属于复杂系统，且中间层次越多，系统就越复杂。乒乓球运动员竞技能力系统是典型的层次结构系统，并具有分层多、层次结构嵌套等特点。首先，构成乒乓球运动员竞技能力系统的体能、技能、战术能力、心理能力和运动智能等要素可以分成各自的子层次，如技能可以分为发球、接发球、搓球、攻球、拉球等，各自的子层次又可以再分下去（如发球可分为正手发球和反手发球），各自的子层次的子层次还可以再分下去（如正手发球还可分为正手发下旋球、正手发侧旋球等），构成乒乓球运动员竞技能力系统的5要素本身就是具有众多层级结构的子系统。其次，体能、技能、战术能力、心理能力和运动智能并非犹如一个木桶的五个木板，整合成乒乓球运动员竞技能力系统，而是像一个金字塔一样由5要素分层构成竞技能力系统。根据乒乓球运动员竞技能力系统诸要素的从属关系和等级层次逻辑，结合郑念军[1]、程勇民[2]、代中善[3]等人的研究成果，乒乓球运动员竞技能力系统可以分为三个层次来认识。第一层可认为由心理能力组成，第二层可认为由运动智能和战术能力组成，第三层可认为由体能和技能组成。由此可见，乒乓球运动员竞技能力系统是逐次分层、层层镶嵌。系统结构具有层次性是复杂系统的重要特征之一，任何一个复杂系统都具有层次性的结构，越复杂的系统它的层次结构越具有多重性[4]。

（四）源于系统开放性的复杂性

从系统与环境的互动关系来看，系统可以分为封闭系统和开放系统两类，其中与环境不发生物质、能量和信息交换的系统称为封闭系统，反之则称为开

［1］郑念军.竞技能力新论［J］.西安体育学院学报，2001（1）：51.

［2］程勇民，等.竞技能力、竞技能力结构及其项群划分［J］.山东体育学院学报，2004（5）：35-37.

［3］代中善.对竞技能力构成要素的审思［D］.长沙：湖南大学，2007：34.

［4］仇乃民，李少丹.论竞技能力系统的结构复杂性［J］.北京体育大学学报，2011，34（2）：113-116.

放系统[1]。开放系统不断地与外界环境之间进行着物质、能量和信息交换，如果没有这种交换，系统则无法续存、运行和演化。苗东升教授认为，开放的系统与外部环境之间交换物质、能量和信息能够激发系统内部组分的活动性、主动性和相互作用性，进而形成复杂的结构；与此同时，系统内部组分之间的互动又会影响系统与外部环境的互动，使系统与环境的关系更加复杂化。因此，开放性是系统产生复杂性的重要根源。经典科学之所以简单，其原因之一就在于不承认系统的开放性，并视封闭性为系统的良属性，开放性为系统的劣属性，力图以封闭系统为模型描述系统，人为地将系统产生复杂性的根源束缚起来或排除于科学研究的对象之外。然而，对于复杂系统来说开放性不是能随意排除在外的微小扰动因素，而是系统产生复杂性的重要根源，系统的特殊本质和规律与外部环境密不可分，忽略具有多样性、不确定性、易变性的外部环境对系统的影响，得到的结论不能正确反映系统的真实面目。乒乓球运动员竞技能力系统属于有机系统，有机系统的运行、延续、演化与外部环境有着密切的互动关系，因此其开放性远远超过无机系统。乒乓球运动员竞技能力系统的开放性使得体能、技能、战术能力、心理能力和运动智能各要素之间，以及系统本身与环境之间相互作用，并能不断地向更好的适应环境的方向发展变化。此外，乒乓球运动员竞技能力系统的外部环境错综复杂，包括训练环境、竞赛环境、家庭环境、社会环境、学习环境、生活环境等，这些环境因素相互作用、相互联系，形成有机而统一的整体，对运动员竞技能力的发展产生制约和规定的影响。在乒乓球竞技能力系统形成和发展的过程中，不同运动员所需要的环境不同，不同环境也形成了不同的竞技能力系统，通过改变外部环境就会影响运动员竞技能力系统的形成和发展。乒乓球运动员竞技能力系统的开放性和环境的复杂性意味着系统存在多输出、多输入、不确定、难以预测等特性。

三、乒乓球运动员竞技能力系统的复杂性特征

（一）整体性

乒乓球运动员竞技能力系统的多样性和层次性产生了系统的整体性。系统

---

[1] 魏宏森. 系统科学方法论导论 [M]. 北京：人民出版社，1983：74.

的整体行为不能被化归为组成部分来理解或说明，由相互联系、相互作用的组成部分有机地构成的乒乓球运动员竞技能力系统有着部分在彼此孤立的状态下所不具有的整体新质[1]，因此必须从整体上去把握系统行为。传统的简单性思维方式主张用分析的眼光看待系统，认为整体等于部分之和，认识整体首先要把整体分解为部分，然后对部分加以研究，热衷于从部分的行为推导出整体的行为。这种简单性思维对于系统组分样式单一，层次结构简单，内部联系不够紧密，局部性质与整体性质近似的事物基本适用。然而，对于复杂的乒乓球运动员竞技能力系统来说，整体行为往往难以完全从部分中推导出来，整体具有部分所不具备的新质。复杂系统的整体行为必须放在综合的思想指导下进行分析，这种综合是分析的深入，也是分析的归属[2]。

　　复杂性科学在探索系统整体行为的过程中，长期以来人们强调的是"整体大于部分之和"，却很少有人提及"整体也会小于部分之和"。法国哲学家莫兰补充提出了"整体小于部分之和"的原则，以此来揭示系统整体性的两面性。莫兰认为"所有系统，甚至包括那些引起涌现的系统，都会对部分加以约束，约束就是对部分进行限制和束缚。这些约束、限制和束缚或者剥夺或者压抑各个部分的优点或属性。从这个意义上讲，整体小于部分之和。"[3] 由此可见，系统的整体性既有积极的效用又有消极的效用，当谈到整体性的积极效用时它被称为"涌现"，当谈到整体性的消极效用时它被称为"约束"。

　　乒乓球直板打法是我国的传统打法，但反手进攻的缺陷使其逐渐衰落。为弥补直板反手进攻的不足，直拍横打技术应运而生。直拍横打作为单项技术，能拉能打、能攻能防，从理论上来说完全能够弥补反手推挡进攻能力不足的问题，可以形成推挡结合直拍横打的反手技术体系，从而增强直板打法运动员的竞技能力。但在实践中，不论是刘国梁还是马琳在推挡的基础上添加直拍横打技术后，其反手竞技能力体系并未出现新质，即涌现出和横板反手一样的技术行为特征。与之相反，王皓和许昕在放弃了推挡之后，直拍横打技术威力呈几何倍数增长，反手竞技能力系统涌现出了新质，在与横板反手的对抗中丝毫不落下风。由此可见，推挡结合直拍横打的反手模式极大地约束、限制和束缚了

[1] 黄欣荣. 复杂性研究对整体论的复兴与超越 [J]. 江南大学学报：人文社会科学版，2009，8（2）：17-22.

[2] 马卫平. 复杂性思维视野中的体育研究——对我国体育研究中的思维方式之反思 [J]. 体育科学，2007，27（1）：76-84.

[3] 埃德加·莫兰. 方法：天然之天性 [M]. 吴泓缈，等，译. 北京：北京大学出版社，2002：106.

直拍横打的优点，从而出现了"整体小于部分之和"的现象；放弃推挡，纯粹由直拍横打的拧、拉、打、弹等技术构筑的反手体系，展现出了直拍横打的巨大潜能，运动员竞技能力系统涌现出了新质，表现出了"整体大于部分之和"的现象。

（二）非线性

非线性体现了复杂系统诸要素或各子系统之间相互联系和相互作用的方式，它和简单系统中的线性关系相对立。在简单系统中，由于系统内部诸要素相互作用为线性关系，所以系统的整体性质就是各要素孤立存在时性质的简单叠加。而在复杂系统中，由于系统内部诸要素之间的相互作用为非线性关系，系统不再满足简单的叠加原理，系统整体表现出来的现象也不再是各个要素行为的简单叠加，而是一种各个要素所不具有的行为[1]。如果说建立在经典科学基础上的传统乒乓球训练理论，主要研究的是体能、技能、战术能力、心理能力、运动智能等构成运动员竞技能力系统的实物要素，焦点聚集在这些彼此孤立的实物要素的性质、状态和功能上；那么，复杂性科学视域下的非线性理论则另辟蹊径，把研究的焦点由实物要素转向了相互关系，认为较低层次的实物要素按照一定的方式联系起来就能形成较高层次的系统整体，而这种客观存在的相互关系正是系统产生整体涌现性的关键所在。因此，乒乓球运动员竞技能力系统中诸要素之间客观存在的相互关系（非线性关系）比客观存在的体能、技能、战术能力、心理能力和运动智能等实物要素具有更丰富、更复杂的内容。

在乒乓球运动员竞技能力系统形成的初始阶段，由于构成系统的体能、技能、战术能力、心理能力和运动智能之间的关系简单、矛盾缓和，因此可以近似地作为线性问题来处理。也就是说只要适当提高系统的某个关键要素，乒乓球运动员的竞技水平就会有所提升[2]，系统在一定程度上表现出一一对应的因果关系，且满足叠加原理。但当乒乓球运动员竞技能力系统水平较高时，各竞技要素之间相互作用、相互联系，关系变得错综复杂、矛盾趋于尖锐，

---

[1] 李润珍，武杰. 非线性提供了一种新的思维方式 [J]. 科学技术与辩证法，2003，20（2）：26-29，34.

[2] 仇乃民，李少丹，马思远. 非线性范式——运动训练科学研究的新范式 [J]. 体育学刊，2011，18（6）：108-112.

系统不再是直接的因果关系，而是表现出强烈的非线性特征。初始阶段行之有效的训练方法和手段基本失灵，训练预期与竞技能力的获得出现了明显偏差。乒乓球运动员竞技能力水平的提高更多的是在各竞技要素相互影响的情况下协调共进的，训练中可能出现一因多果、一果多因等多种现象。乒乓球运动员竞技能力系统的非线性行为不仅存在于训练中，而且经常出现在比赛中。有研究表明，参赛动机与运动成绩呈现出倒U形的非线性关系，即在比赛条件相同的情况下，运动员处于较低的动机水平时，所取得比赛成绩较低；处于中等动机水平时，所取得比赛成绩最好；处于较高动机水平时，所取得比赛成绩却下降[1]。由此可见，正确认识和准确把握运动员竞技能力系统的非线性特征在乒乓球训练和比赛中具有重要的理论与现实意义。

（三）不确定性

乒乓球运动员竞技能力系统既有确定性，同时又有不确定性，并非"非此即彼"，而是"位于确定性世界与纯机遇的变换无常世界这两个异化图景之间某处的一个中间描述"[2]。乒乓球运动员竞技能力系统内在的不确定性决定了系统的混沌态，即它处于一种有序中的无序、无序中的有序状态，这是一种较高层次的秩序状态[3]。乒乓球运动员竞技能力系统从混沌走向有序，需要通过不断地与外部环境进行物质、能量和信息的交换，在外部条件和系统内部某个参量的变化达到一定阈值时，通过"涨落"，系统就可能发生突变，由原来的混沌无序变为一种在时空和功能上的有序结构[4]。然而，这种有序结构并不是一种恒定态，而是一种暂稳态。在外界环境和系统内部参量再次发生变化时，系统还会从有序回到无序即混沌态，但系统绝不会回到原来的结构、功能和状态上，遵从时间的一维不可逆性。也就是说，乒乓球运动员竞技能力系统的发展方向永远是向前的，绝不会出现后一种状态同前一种状态完全一样的现象。乒乓球运动员竞技能力系统就是这样从无序到有序，再从有序到无序，

［1］许国志.系统科学［M］.上海：上海科技教育出版社，2000：29.

［2］伊利亚·普利高津.确定性的终结［M］.上海：上海科技教育出版社，1998：22.

［3］仇乃民，李少丹.论竞技能力系统的结构复杂性［J］.北京体育大学学报，2011.34（2）：113-116.

［4］宋会君.从耗散结构理论看运动员竞技能力发展的有序性［J］.体育与科学，2003，24（3）：49-53.

不断反复向前演化发展的过程。

因此，乒乓球运动员竞技能力系统从某种程度上看表现为有序性，而从另外一种程度上看又表现为无序性。于是，在乒乓球比赛中克拉克现象、埃蒙斯现象、Choking现象经常发生。如2004年雅典奥运会男单决赛，鲜有败绩的王皓2∶4输给了实力略逊一筹的柳承敏，给中国乒乓球队留下了无尽的遗憾；2010年莫斯科世锦赛女团决赛，由郭焱、丁宁、刘诗雯组成的世界最强女团阵容1∶3不敌冯天薇领衔的新加坡女团，意外地结束了女子团体九连冠；2017年无锡亚锦赛，丁宁、朱雨玲、陈梦三大主力接连输给名不见经传的17岁日本小将平野美宇，震惊了世界乒坛。正因如此，乒乓球比赛的结果往往具有不可预测性。当然，乒乓球竞赛结果的不可预测性都是运动员竞技能力系统的不确定性带来的。所以，正确认识复杂性系统的不确定性，将有助于我们科学把握乒乓球运动员竞技能力系统的内在规律。

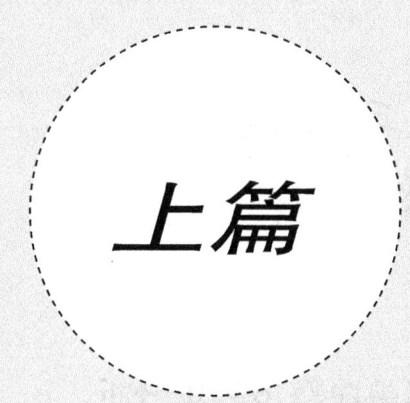

上篇

乒乓球制胜
规律的定量研究

第六章 我国优秀乒乓球运动员制胜规律的个案分析

第一节 第29届奥运会乒乓球男单决赛技战术分析

第29届奥运会乒乓球男单决赛是我国两位直板运动员马琳和王皓的巅峰对决，马琳是中国传统直板快攻型打法的守望者，也是这一打法的实践者和创新者。在马琳身上，基本体现出了中国直板快攻型打法的"灵、巧、快、准、狠、刁"的全部特点。马琳具备良好的发球技术，主动上手时速度快、落点刁，正手搏杀实力很强，前三板的技术具有明显的优势。王皓采用的是快攻结合弧圈打法，是中国直拍横打的代表人物。王皓的逆向旋转发球技术特色鲜明，正反手两面均可上手，且反手直拍横打技术运用娴熟、杀伤力强。在本次比赛中，马琳以4：1（11：9、11：9、6：11、11：7、11：9）的绝对优势战胜了王皓。本研究依据三段统计法将马琳和王皓的比赛按发抢段、接发段和相持段进行得失分统计，并对统计数据深入分析，旨在研究马琳（图6-1）、王皓在第29届奥运会乒乓球男单决赛中的技战术应用情况，进而归纳和总结我国优秀乒乓球运动员的制胜规律。

图6-1　北京奥运会男单冠军马琳

一、研究对象与方法

（一）研究对象

以第29届北京奥运会乒乓球男单决赛为研究对象。

（二）研究方法

1.录像观察法和数理统计法

观看了第29届奥运会乒乓球男单决赛的技术录像，按照三段统计法将马琳、王皓的比赛按照发抢段、接发段和相持段进行得失分统计。

2.三段指标评估法 [1]

本研究主要采用了国家体育总局科研所乒乓球组吴焕群研究员的三段指标评估法，将马琳、王皓在比赛中所采用的各种技术分为发抢段（1、3板）、接发段（2、4板）和相持段（5板及以后），然后对两位运动员在比赛中的三段使用率和得分率进行统计，并对所得数据加以整理与分析（表6-1）。

表6-1 三段指标评估标准

三段	得分率（%）	使用率（%）
发抢段	优秀 70 良好 65 及格 60	25～30
接抢段	优秀 60 良好 50 及格 40	15～25
相持段	优秀 55 良好 50 及格 45	45～55

---

[1] 国家体育总局《乒乓长盛考》研究课题组. 乒乓长盛的训练学探索 [M]. 北京：北京体育大学出版社，2002：119.

二、马琳在第29届奥运会乒乓球男单决赛中的技战术特点分析

（一）马琳近两年参加国际比赛的技战术使用情况总体分析

赵霞博士利用三段指标评估法对马琳近两年参加国际比赛的技战术使用情况进行了统计。从表6-2的统计结果可以看出，在近两年的国际比赛中，马琳的发抢段和接抢段不仅使用率高，而且得分率也高，都达到了优秀的标准，这说明发抢段和接抢段是马琳的优势段，发球抢攻和接发球抢攻是马琳的优势技术和主要得分手段。相比较而言，马琳的相持段不仅使用率低而且得分率也不高，相持段的得分率仅为43%，评估结果不及格，这说明马琳的相持能力较差。马琳相持能力不强的主要原因是反手实力不足，其反手使用推挡配合直拍横打，而其直拍横打只是将球拉起来作为过渡，并不具备与对方相持的能力，若在比赛中一旦与对方形成反手相持，马琳只能千方百计地侧身使用正手相持，如果对方一旦锁定马琳的反手，就会使其陷入被动局面，从而导致失分。所以马琳在比赛中积极、主动、凶狠，尽可能在前三板解决问题，通过前三板的技术优势来弥补相持能力的不足[1]。

表6-2　马琳近两年国际比赛技战术使用情况（％）[2]

	发抢段		接抢段		相持段	
	得分率	使用率	得分率	使用率	得分率	使用率
马琳	74	32	52	36	43	32
评估	优秀	高	优秀	高	不及格	低

（二）马琳在第29届奥运会乒乓球男单决赛中的技战术使用情况分析

本研究利用三段指标评估法对马琳在第29届奥运会乒乓球男单决赛中的技

---

[1] 吴焕群，张晓蓬.乒坛竞技科学诊断［M］.北京：国家体育总局体科研所乒乓组，1996：86-88.

[2] 赵霞.我国优秀直拍反胶选手马琳和王皓的技战术分析［J］.山东体育学院学报，2006，22（2）：79-81，88.

战术使用情况进行了统计。从表6-3的统计结果可以看出，马琳在本场比赛中发抢段得分率为75%，比近两年国际比赛中的发抢段得分率高出1%；发抢段使用率为17%，比近两年国际比赛中的发抢段使用率低了15%。从马琳的发抢段使用率比以往低15%可以看出，王皓在接发球的过程中对马琳的控制非常严密，决不轻易给马琳形成抢攻的机会。与此同时，马琳在发抢段打得也很有耐心，第三板机会不佳绝不轻易发起进攻。反之，比赛中王皓的接发球一旦出现冒高、出台等细小的失误，马琳则会很好地捕捉住这稍纵即逝的抢攻机会起板，并且能够做到稳、准、狠，抢攻的成功率极高。

本场比赛马琳的接抢段得分率为57%，比近两年国际比赛中的接抢段得分率高出5%；接抢段使用率为31%，比近两年国际比赛中的接抢段使用率低了5%。比赛中，马琳接发球经常使用摆短来控制王皓的抢攻，对于出台球一般采用侧身抢拉、抢冲或直板横拉。由于马琳的摆短能力强，因此很大程度上控制着王皓的抢攻，若王皓在回摆过程中控制不好球，马琳就会抓住机会抢攻得分。

本场比赛马琳相持段得分率为41%，比近两年国际比赛中的相持段得分率低2%；相持段使用率为52%，比近两年国际比赛中的相持段使用率高出20%。马琳的绝对优势在发抢段和接发段，相持能力相对较弱，所以马琳一般力争在发抢段或接抢段解决战斗，尽量避免将球拖入相持段，然而在本次比赛中王皓凭借着严密的控制有效地遏制住了马琳的冲抢，将52%的球拖到了相持段。形成相持后，王皓一直从马琳的反手寻找突破口，压住马琳的反手使其不能侧身用正手相持，马琳只能先使用推挡防守继而转入放高球与王皓周旋。马琳反手的劣势在比赛中再一次暴露无疑，马琳只有加强直拍横打的反拉能力，才能在相持中占据主动，其技战术水平才能更上一层楼[1]。

表6-3　马琳第29届奥运会决赛技战术使用情况（%）

	发抢段		接抢段		相持段	
	得分率	使用率	得分率	使用率	得分率	使用率
马琳	75	17	57	31	41	52
评估	优秀	低	优秀	高	不及格	中

［1］苏丕仁.论直拍快攻［J］.北京体育大学学报，1996，19（1）：76-81.

三、王皓在第29届奥运会乒乓球男单决赛中的技战术特点分析

（一）王皓近两年参加国际比赛的技战术使用情况总体分析

赵霞博士利用三段指标评估法对王皓近两年国际比赛技战术使用情况进行了统计。从表6-4的统计结果可以看出，王皓在近两年的国际比赛中发抢段和接抢段的得分率都达到了优秀，且这两段的使用率都很高，说明王皓和马琳一样在发抢段和接抢段也具备优势，发球抢攻和接发球抢攻同样也是王皓的优势技术。在近两年的国际比赛中，王皓相持段使用率评估结果和马琳一样都是低，但王皓相持段得分率却达到了优秀，这也是王皓和马琳技战术上最大的不同，相持段王皓以正反手两面拉球为主，反手直拍横打技术日臻完善、运用娴熟，具有很强的杀伤力，与横板反手相持毫不逊色[1]，可见王皓的技术非常全面。

表6-4　王皓近两年国际比赛技战术使用情况（%）[2]

	发抢段		接抢段		相持段	
	得分率	使用率	得分率	使用率	得分率	使用率
王皓	72	33	51	35	54	32
评估	优秀	高	优秀	高	优秀	低

（二）王皓在第29届奥运会乒乓球男单决赛中的技战术使用情况分析

本研究利用三段指标评估法对王皓在第29届奥运会乒乓球男单决赛中的技战术使用情况进行了统计。从表6-5的统计结果可以看出，王皓本场比赛发

---

[1]李今亮.中国乒乓球男队主要竞争对手技术剖析及应对策略[J].北京体育大学学报，2004，27（6）：833.

[2]赵霞.我国优秀直拍反胶选手马琳和王皓的技战术分析[J].山东体育学院学报，2006，22（2）：79-81，88.

抢段得分率为52%，比近两年国际比赛中的发抢段得分率低20%；发抢段使用率为24%，比近两年国际比赛中的发抢段使用率低9%。本场比赛中，王皓发球后坚持用两面上手，马琳接发球一般靠摆短来控制王皓的第三板冲抢，凭借对王皓发球落点和旋转的高度熟识，马琳成功地破坏了王皓的发抢优势，使其在发抢段的威力没能发挥出来。此外，在本次比赛中王皓的发球抢攻还缺乏自信和果断，导致技术变形、失误频频，致使其发球抢攻段的得分率比以往低20%，这是本场比赛王皓输球的主要原因之一。

本场比赛王皓的接抢段得分率为52%，比近两年国际比赛中的接抢段得分率高出1%；接抢段使用率为24%，比近两年国际比赛中接抢段使用率低11%。本次比赛中，王皓接发球经常使用摆短来控制马琳抢攻，对半转或不转的发球一般采用挑打，对出台球一般采用侧身抢拉、抢冲或直拍横打，这些接发球方式在比赛中都收到了良好的效果，接抢段得分率达到了优秀，这也是王皓在比赛中唯一达到优秀的一个技术指标，说明王皓接发球抢攻技术过硬[1]。

本场比赛王皓在相持段的得分率为43%，比近两年国际比赛中相持段得分率低11%；相持段使用率为52%，比近两年国际比赛中相持段使用率高19%。比赛中，王皓将52%的球拖到了相持段，有效地扼制了马琳在发抢段和接发段的抢攻，足以说明王皓非常熟悉马琳的战术和打法，在战略上王皓是相当成功的。然而，在相持中王皓想赢怕输的思想导致正手无谓失误增多，过于保守导致直拍横打的技术优势也没有得到充分发挥[2]，这是导致王皓输球的另一个重要原因。

表6-5　王皓第29届奥运会决赛技战术使用情况（%）

	发抢段		接抢段		相持段	
	得分率	使用率	得分率	使用率	得分率	使用率
王皓	52	24	52	24	43	52
评估	不及格	低	优秀	中	不及格	中

[1]蔡振华.直拍进攻型打法之我见[J].乒乓世界，1999（9）.

[2]张晓蓬.1992—2002直拍横打十年志[J].乒乓世界，2002（10）.

四、小结

第一，在本次比赛中，马琳的主要技术特点是发抢段和接抢段得分率高，但相持段得分率相对较低。相持实力相对较差的主要原因在于反手技术偏弱，马琳只有加强直拍横打的反拉能力，弥补反手的不足才能在相持中占据主动，从而使其整体实力得到进一步提高。

第二，在本次比赛中，王皓的主要技术特点是接发球抢攻技术过硬，接抢段得分率高。但发球抢攻缺乏自信，导致失误频频；相持中过于保守，直拍横打的技术优势没有得到充分发挥。发抢段和相持段得分率低是其输球的主要原因。王皓的技术水平已经具备了夺冠的实力，只要在大赛中能够稳定发挥就能取得好成绩。

第三，在本场比赛中，马琳和王皓发球抢攻的使用率都偏低这一点表明：在与优秀运动员的比赛中企图借助发球在前三板解决战斗的难度越来越大，提高相持能力将是未来乒乓球运动员的发展方向。

第二节　马琳第50届世乒赛男团决赛直拍横打技术应用分析

在第50届俄罗斯世乒赛男团决赛中，马琳分别以3：1和3：0战胜了波尔和奥恰诺夫，为中国队取得第50界世乒赛男团冠军立下了汗马功劳，也让世人再一次领略了中国传统直板快攻打法的魅力。马琳是中国传统直板快攻打法的守望者，也是这一打法的实践者和创新者。在马琳身上，基本体现出了中国传统直板快攻打法"灵、巧、快、准、狠、刁"的全部特点。与此同时，马琳在传统直板快攻打法的基础上添加了直拍横打技术，成功地将直拍横打技术嫁接到了传统直板打法之中，在一定程度上弥补了传统直板打法反手的先天不足。众所周知，中国传统的直板反手技术主要是用球拍的正面通过搓、摆、撇等技术控制对方上手，通过推、挤、切等技术来防御对方的进攻。由于受到生理结构的限制，传统直板反手技术进攻力度不强，主要作为辅助性技术为正手进攻创造条件。因此，在比赛中传统直板的反手技术主要起到防守和控制的作用，进攻的威胁性很小。20世纪90年代中期，刘国梁直拍横打技术的初步使用，为中国传统直板打法在低谷时期注入了活力[1]。从此，直拍横打技术就算是真正进入了直板反手技术体系，直拍横打技术经过十多年的发展，经过一代又一代运动员的不断摸索、总结和完善，到马琳这一代运动员直拍横打技术在传统直板反手体系中的运用才算是真正趋于成熟。

直拍横打技术创新的成功，铸造了中国传统直板打法如今的辉煌。在传统直板打法中，直拍横打技术究竟起到了怎样的积极作用？到目前为止，已有不少专家、学者就此问题进行了相关的论述。但大部分研究都采用了定性分析的方法，定量研究明显不足。鉴于此，本研究运用专家访谈法、文献资料法、录象观察法及数理统计法，对第50届世乒赛男团决赛中马琳直拍横打技术的应用情况进行了系统的定量分析与研究（图6-2），以期总结出直拍横打在传统直板打法中的使用规律，为进一步提高我国传统直拍打法的技战术水平提供了理论依据。

图6-2 马琳使用直拍横打技术击球

---

[1] 吴唤群，张晓蓬.中国乒乓球竞技制胜规律的科学研究与创新实践［M］.北京：人民体育出版社，2009：103-110.

一、研究对象与方法

（一）研究对象

我国优秀直板反胶打法运动员马琳的直拍横打使用规律。

（二）研究方法

1.专家访谈法

在本研究的设计、撰写过程中，就有关问题，走访了多位乒乓球方面的专家、教授，广泛征求意见，使本研究更加可靠、深入。

2.录像观察法和数理统计法

对第50届世乒赛男团决赛中马琳的比赛录像进行了细致的观察与分析，统计直拍横打及其组合在比赛中的使用情况，并对数据进行整理。

二、马琳直拍横打的使用频次与作用分析

（一）直拍横打技术在比赛中的使用次数及得分情况总体分析

从表6-6可以看出，马琳在两场七局共136分的比赛中，总共击球316次，其中正手技术使用了128次，使用率高达40%，得48分，占全局得分的60%，说明正手是马琳使用比例最高、得分最多的技术。马琳在比赛中除了使用正手主动进攻得分，发球、控制（搓、摆、撇）及推挡防守都能够得分，且得分比例也比较大，这三项技术占全局得分的37%。相比较而言，作为反手主要进攻得分手段的直拍横打技术在实战中仅使用了12次，直接得分2分。每局比赛直拍横打平均使用次数不到2次，每场比赛直拍横打平均得分只有1分，直拍横打技术在传统直板打法中如此低的使用频率和稀少的得分完全超乎人们的想象。

从比赛录像观察发现，虽然直拍横打是传统直板打法反手的主要进攻手段，但是反手位的进攻机会并非都依靠直拍横打来完成，马琳反手位的来球在能侧身的情况下一般不会用横打，只有在来不及侧身的情况下才会选择使用横打进攻，这样自然就减少了横打的使用次数和得分机会，但却增强了正手的杀伤力，同时也避免了侧身位正反手进攻的取舍矛盾，极大地保存了传统直板打法的技术风格[1]。由此可见，直拍横打技术在传统直板打法中使用频率低且得分少，是传统直板打法的辅助进攻手段。

表6-6　各项技术使用情况统计表

	使用次数	成功次数	失误次数	得分次数	使用比例（％）	成功率（％）	占全局得分比例（％）
发　球	70	70	0	10	22	100	12
正　手	127	91	36	48	40	72	60
直拍横打	12	10	2	2	4	83	3
推　挡	26	16	10	6	8	62	8
摆、搓、撇	73	69	4	11	23	95	14
削　球	5	3	2	2	2	86	3
放高球	3	1	2	0	1	33	0

注：使用比例=使用次数/各项技术使用次数之和；成功率=成功次数/使用次数；

　　占全局得分比例=直接得分/全局总得分。

（二）直拍横打技术在比赛中的主要作用分析

从表6-7可以看出，马琳的直拍横打技术主要作用就是抢拉下旋球，其次是接发球抢攻和相持对拉。通过对比赛录像观察我们发现，当对方采用强下旋逼马琳反手底线大角度时，在无法侧身的情况下，马琳往往会选择直拍横打起板，在比赛中该项技术总共使用了6次，全部成功，稳定性非常高。马琳的直拍横打抢攻出手快、动作隐蔽性强、弧线带有一定侧拐，虽然力度不是很大，其突然性和不适应性往往令对方措手不及。

[1] 张晓蓬. 直拍横打十年志 [J]. 乒乓世界，2002，120（10）：52-53.

表6-7 直拍横打技术使用情况统计表

	接发球抢攻	抢拉下旋	相持对拉
次数	3	6	3

使用横打接发球抢攻是直拍横打发展到一定程度的技术延伸，当对方发反手近网短球时，在有机会的情况下，马琳一般会采用直拍横打技术从台内拧拉抢攻，在对奥恰诺夫的比赛中马琳总共使用了3次横打接发球抢攻技术，2次成功且直接得分，成功率较高、效果很好。而马琳在与波尔的比赛中横打接发球抢攻一次也没有使用过，主要原因是与波尔的比赛难度和压力都比较大，用直拍横打技术接发球存在一定的风险，为了稳妥而放弃，可见马琳在这项技术的掌握上还不够稳定和成熟，还需要进一步提高。

传统直板打法的一个主要漏洞就是反手相持能力的不足。在理论上，直拍横打技术添加到传统的中直打法中应该和王皓式的直拍横打一样，都具备一定的相持能力，但是马琳的直拍横打相持能力却始终差强人意。在比赛中，马琳使用直拍横打相持的场面总共只有3次，都是在对方调正手压回反手之后的被动击球动作，是在迫不得已的情况下所采用的过渡性技术[1]。由此可见，马琳的直拍横打技术目前还不具备反手相持的实力。

三、马琳直拍横打的技战术组合特点分析

（一）直拍横打与推挡的技战术组合特点分析

直拍横打技术添加到传统直板打法中是中国队近年来最伟大的构思，推挡与直拍横打的结合绝对是一个美妙的组合，然而横打和推挡真的就能如人们所预期的那样完美地结合到一起吗？实践是检验真理的唯一标准！

从表6-8可以看出，在整场比赛中，马琳的反手技术组合总共使用了6次，其中连续推挡的技术组合使用了4次，横打后推挡的技术组合使用了2次，推挡后横打的技术组合没有使用过。使用推挡后横打的技术组合并非没有条

---

[1] 李浩. 直拍横打与推挡技术相持能力的对比性研究 [J]. 西安体育学院学报，2009，26（2）：226–228.

件，马琳在比赛中连续推挡的技术组合使用了4次，理论上，马琳完全可以在第一板推挡之后第二板直拍横打，但是马琳却一次也没有做到，这绝非偶然。由此可以看出，马琳的反手技术组合主要以连续推挡为主，横打与推挡的技术组合为辅。在横打与推挡的技术组合中，形成横打后推挡的技术组合比较容易，形成推挡后横打的技术组合则比较困难。这就充分说明直拍横打与推挡的技术组合存在一定的局限性，两项技术结合到一起交替使用存在一定的困难。影响直拍横打与推挡形成技术组合的主要原因是这两项技术容易相互干扰，这一现象的出现是困扰直拍横打与推挡交叉使用的关键问题，这是横打与推挡客观存在的主要矛盾，绝不可能通过刻苦的训练而解决，我们必须清楚地认识到这一点。所以，在以后的训练中，应该充分考虑直拍横打与推挡存在一定信息干扰的客观因素，把握好横打与推挡的结合度，有选择地进行组合训练[1]。

表6-8　反手技术组合使用情况统计表

	横打后推挡	推挡后横打	连续推挡
次数	2	0	4

（二）直拍横打与正手的技战术组合特点分析

从表6-9可以看出，在比赛中，马琳直拍横打与正手的组合技术总共有3种，几乎涵盖了所有的正反手组合类型，说明直拍横打能够与正手全方位、多角度的组合使用。正手与横打都是马琳的进攻手段，不同的是正手主要用于正手位和侧身位的进攻，而横打主要在马琳无法侧身的情况下使用，主要用来弥补侧身进攻的不足，所以在方位上两者之间绝对是一种互补的关系，在什么位置用什么进攻方式非常明确，直拍横打绝不会干扰到正手，正手也绝不会影响到横打技术的发挥，直拍横打与正手成功的匹配、默契的配合，保证了横打与正手组合在一起流畅的进攻。此外，在比赛中马琳直拍横打单项技术总共使用了12次，其中9次与正手组合到了一起使用，占直拍横打技术使用次数的75%，这一点充分说明在传统直板打法中直拍横打技术主要与正手配合使用，这两项技术顺利的结合是直拍横打技术成功地嫁接到传统直板打法

---

[1] 林鲁军. 试论乒乓球"直拍横打"技术的运用及发展前景 [J]. 山东体育科技, 2002, 24（3）: 22-23.

中的关键[1]。所以，在以后的训练过程中我们应该把更大的精力和更多的时间放在直拍横打与正手组合技术的训练中，真正做到赛练一致。

表6-9　直拍横打与正手组合技术使用情况统计表

	横打后侧身攻	横打后正手攻	正手攻后横打
次数	1	5	3

四、小结

第一，在比赛中，马琳直拍横打技术使用频率低且得分少，主要以配合正手进攻为主，是传统直板打法的一项辅助性进攻手段。

第二，在比赛中，马琳直拍横打技术主要是以拉下旋球起板抢攻为主。在判断清楚的情况下还可以采用直拍横打接发球抢攻，效果良好。

第三，在传统直板打法中，直拍横打与推挡可以并存，但配合到一起交替使用的前景不容乐观，在训练中，应该充分考虑直拍横打与推挡存在一定信息干扰的客观因素，把握好横打与推挡的结合度，有选择地进行组合训练。

第四，在传统直板打法中，直拍横打与正手完全可以毫无障碍地组合到一起配合使用，在训练过程中，我们应该把更大的精力更多的时间放在直拍横打与正手组合技术的训练中，真正做到赛练一致。

第三节　优秀直板反胶打法运动员马琳步法运用分析
——以北京奥运会乒乓球男单决赛为例

北京奥运会冠军得主马琳是世界上步法最好的乒乓球运动员之一，其击球力量之大，命中率之高，上手能力之强，均得益于精湛的移动步法。本研究以北京奥运会乒乓球男单决赛中马琳的步法为研究对象，采用字母标记法对马琳在北京奥运会乒乓球男单决赛中的步法运用情况进行详细的记录，然后对记录结果系统分析，旨在揭示马琳实战中各种步法组合的运用特点（图6-3），并试图揭示我国直板反胶打法运动员步法训练的普遍规律。

---

[1] 苏丕仁.乒乓球直拍横打技术创新的启示［J］.北京体育大学，2009，32（11）：107-108.

图6-3　马琳跨步击球

一、研究对象与方法

（一）研究对象

以北京奥运会乒乓球男单决赛中马琳的步法为研究对象。

（二）研究方法

1. 录像观察法

本研究运用录像观察法，认真细致地观察了2008年第29届北京奥运会乒乓球男单决赛马琳对阵王皓的比赛录像。本场比赛总共5局，除去马琳在球台对面的第2局和第4局外，马琳被本研究最后详细记录的步法资料为3局55分。

2. 字母标记法

（1）右单步E、左单步Z、跨步K、跳步T、滑步（并步）H、交叉步J、小碎步X、发球还原步W。在字母标记法中，大写字母表示非击球步移动时所采用的步法，而小写字母则表示击球时所采用的步法，例如，T表示跳步，t表示跳步击球[1]。

（2）步法结构：一次合理的击球就有一个步法单组合，由击球前的调整步法和击球时的击球步法组成。

（3）步法衔接：击球手法与手法之间的步法组合用"—"连接，连接线只表示步法连接在时间上的先后顺序，不代表步法的移动方向。每一项具体的击球手法所用步法之间的衔接用"."表示。只含一次击球动作的步法组合称步法单组合，是步法组合的最小单位[2]。

（4）步向定义：步法移动方向是用具体代表步法的字母右边的数字来表示（图6-4）[3]。

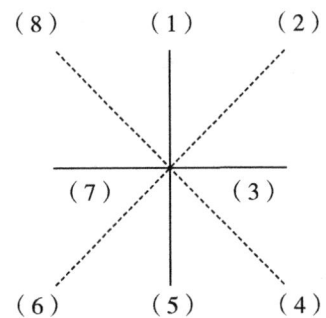

图6-4　乒乓球步法移动方向数字图

图8-4中的八个阿拉伯数字代表步法移动的八个方向，从1到8分别代表：前、右前、右、右后、后、左后、左、左前，这八个方向的数字主要是用在具体步法字母的右边，代表步法的移动方向。例如，E2表示向右前方移动的右单步，H3表示向右移动的滑步。

[1] 王军，蔡学玲.优秀乒乓球运动员马琳、王皓步法运用特点研究 [J].北京体育大学学报，2009，32（10）：122-125.

[2] 唐建军.1954-1992年中国乒乓球步法研究状况的分析 [J].辽宁体育科技，1996（4）：1-3.

[3] 詹晓希，苏丕仁，唐建军，等.金泽洙步法组合类型研究及字母标记法的应用 [J].北京体育大学学报，2002，25（5）：701-703.

二、马琳发球抢攻与接发球抢攻的步法运用特点分析

（一）马琳发球抢攻步法的运用特点

从表6-10可以看出，马琳发球抢攻常用的步法组合是W—X. h8与W—X. t7，前者主要用于发球后的侧身抢攻，后者主要用于发球后的直拍横打抢攻，这两种步法组合占发球抢攻步法组合的77%，且抢攻效果良好。W—X. j2，W—X. k2，W—X. k8，W—X. e8，W—X. h2这五种步法占发球抢攻步法组合的23%，每一种步法马琳只使用了一次，其中W—X. h2与W—X. j2主要用于马琳发球之后的正手抢攻，两者的主要区别在于移动范围，W—X. h2移动范围较小，而W—X. j2移动范围相对较大；W—X. k2与W—X. k8主要用于发球之后的挑打，发球之后的挑打是马琳最具特色的一项技术，其挑打技术杀伤力大、动感十足，往往给人很大的视觉冲击，其原因就在于马琳挑打的击球步法采用的是跨步；马琳发球之后对中路短球一般都会选择摆短回击，偶尔使用直拍横打，其发球以后在台内使用直拍横打抢攻的步法是W—X. e8。总体看来，马琳发球抢攻的步法机动灵活，快速有力。

表6-10 马琳发球抢攻步法组合类型及使用次数

	正手抢攻		挑打		直拍横打
	正手位	侧身位	正手位	侧身位	
W—X.h8		4			2
W—X.t7		2			5
W—X.j2	1				
W—X.k2			1		
W—X.k8				1	
W—X.e8					1
W—X.h2	1				

（二）马琳接发球抢攻的步法运用特点

在本研究所统计的3局比赛中，马琳接发球直接抢攻的球仅有3个，采用的步法组合是X. e2、X. k2、X. h2，其对应的手法分别是直拍横打、挑打和正手抢冲，占整个接发球抢攻技术统计的20%。马琳大部分接发球抢攻都是以二、四板的组合技战术完成的，其模式是先利用摆、搓、撇等接发球手段控制对方上手，在保证接发球成功且控制对方抢先上手的基础上，以第四板抢攻为主，表8-11列举了马琳接发球后第4板抢攻步法组合类型及使用次数。

从表6-11可以看出，马琳接发球后第4板抢攻的步法组合类型主要有三类，第一类是X. e2—X. h8，X. k2—X. h7，X. e2—X. t6，X. e2—X. k7，这一类步法主要用于摆、搓、撇等之后的侧身抢攻；第二类是X. e2—X. t6，X. k2—X. k7，这类步法主要用于摆、搓、撇等之后的反手直拍横打抢攻；第三类是X. e2—X. k2，X. k2—X. h3，这类步法主要用于摆、搓、撇等之后的正手抢攻。这三类步法组合是马琳接发球抢攻的主体步法，体现出了马琳控制与反控制抢攻中快速、灵活和多变的击球步法[1]。

表6-11　马琳接发球后第4板抢攻步法组合类型及使用次数

	X.e2— X.h8	X.k2— X.h7	X.e2— X.t6	X.k2— X.k7	X.e2— X.k7	X.e2— X.k2	X.k2— X.h3
摆、搓、撇等 之后正手攻						1	1
摆、搓、撇等 之后侧身攻	3	1	1		1		
摆、搓、撇等 之后横打			3	1			

———————

[1] 张晓蓬. 蒋澎龙侧身拉后转推挡 [J]. 乒乓世界，2003（9）：56-57.

三、马琳正手组合、反手组合及正反手组合技术的步法运用特点分析

（一）马琳正手组合技术的步法运用特点

从表6-12可以看出，马琳的正手组合技术主要有正手拉结合侧身拉、侧身拉结合正手拉、正手连续由左至右拉及正手连续由右至左拉四种，其中正手拉结合侧身拉和侧身拉结合正手拉主要用于对付对方采用的调右压左和调左压右的战术，而正手连续由左至右拉和正手连续由右至左拉主要用于相持中的连续对拉[1]。马琳正手拉结合侧身拉的步法组合是X.j3-X.t7，总共使用了2次；侧身拉结合正手拉使用的步法组合是X.h8-X.j3与X.k7-X.j4两种，马琳总共使用了5次，其中X.h8-X.j3就使用了4次，X.h8-X.j3是马琳常用的侧身之后扑正手的步法组合；正手连续由左至右拉的步法组合也有两种，分别是nt3（$n \geq 2$）与nj3（$n \geq 2$），前者主要用于移动范围较小的从左至右的连续对拉，后者主要用于移动范围较大的由左至右的连续对拉；马琳由右至左连续拉的步法组合主要以滑步击球为主，这也是其一贯的由右至左的移动方式[2]。

表6-12 马琳正手组合技术所对应的步法组合类型及使用次数

	X.j3–X.t7	X.h8–X.j3	X.k7–X.j4	nt3（$n \geq 2$）	nj3（$n \geq 2$）	nh7（$n \geq 2$）	X.h7–x
正手拉结合侧身拉	2						
侧身拉结合正手拉		4	1				
正手连续由左至右拉				2	2		
正手连续由右至左拉						1	3

[1] 王家正.乒乓球步法研究[J].安徽体育科技，1982（2）：1-10.

[2] 詹晓希.马琳，王皓，金择洙，蒋澎龙前三板步法组合类型的比较研究[J].中国体育科技，2005（3）：95-99.

（二）马琳反手组合技术的步法运用特点

马琳的反手技术主要以推挡结合直拍横打为主，其推挡主要用于防守，直拍横打主要用于进攻，确切地说其直拍横打主要以拉反手底线下旋长球为主，不能连续进攻，由此可见马琳的反手技术组合以横拉后推挡和连续推挡为主。从表6-13可以看出马琳横拉后推挡的步法组合有X.t6-x和X.k7-X.t8两种，前者是其常用的步法组合，马琳的横拉起板一般都在来球的下降期，为寻找合理的击球位置习惯于往左后方使用跳步横拉，当对方回击之后马琳在来不及侧身的情况下采用小碎步推挡回击。马琳连续推挡的步法组合只有x-x一种，这种步法组合简单、快捷而且省力，不但可以迅速调整位置和身体重心击球，而且还能蓄积能量伺机侧身[1]。

表6-13　马琳反手组合技术所对应的步法组合类型及使用次数

	X.t6-x	X.k7-X.t8	x-x
横拉后推挡	2	1	
连续推挡			3

（三）马琳正反手组合技术的步法运用特点

从表6-14可以看出，马琳正反手组合技术所使用的步法组合可以分为两类，第一类是X.j3-X.k7与X.k3-X.h7，主要用于正手结合反手步法组合，具体对应的手法组合是正手拉结合反手拉；第二类步法组合是X.e2-X.j3，X.t6-X.k3，X.t6-X.h8，X.k7-X.t6，X.x-X.j3，x-X.h3，X.x-X.h8，这类步法组合支持的手法是反手结合正手的技术组合，其中X.e2-X.j3与X.t6-X.k3主要用于反手拉结合正手拉，X.t6-X.h8与X.k7-X.t6主要用于反手拉结合侧身拉，X.x-X.j3与x-X.h3主要用于推挡后的扑正手进攻，X.x-X.h8主要用于推挡后的侧身进攻。从前面的分析我们可以看出，马琳正手结合反手的技术组合只使用过一种，与之对应的步法组合也只有2种，而反手结合正手的技术组

---

[1] 王军，蔡学玲.优秀乒乓球运动员马琳、王皓步法运用特点研究［J］.北京体育大学学报，2009，32（10）：122-125.

合多达4种，与之对应的步法组合更是多达7种，从手法到步法马琳的反手结合正手组合形式明显多于正手结合反手，可见，马琳在正手上手之后坚持采用正手连续进攻，绝不轻易转换为反手，而反手直拍横打进攻或推挡防御时马琳总会千方百计地转换为正手[1]，以提高进攻的杀伤力，马琳能够始终坚持使用正手进攻与X. e2–X. j3，X. t6–X. k3，X. t6–X. h8，X. k7–X. t6，X. x–X. j3，x–X. h3，X. x–X. h8这7种组合步法的关系密不可分。

表6-14　马琳正反手组合技术所对应的步法组合类型及使用次数

	X.j3– X.k7	X.k3– X.h7	X.e2– X.j3	X.t6– X.k3	X.t6– X.h8	X.k7– X.t6	X.x– X.j3	x– X.h3	X.x– X.h8
正手拉结合反手拉	1	1							
反手拉结合正手拉			1	1					
反手拉结合侧身拉					4	1			
推挡之后正手攻							1	2	
推挡之后侧身攻									2

四、马琳单一步法的运用特点分析

从表6-15可以看出，马琳7种单一步法使用次数由高到低的排序依次是X，H，T，E，K，J，Z。马琳在总共285次移动中，X就使用了116次，占41%，X使用率最高，X全面参与马琳各种步法组合的构成，集调节击球位置，支持发球抢攻、接发球抢攻、正反手的进攻与防守等各项技术于一身，是马琳步法体系中的主体步法。

表6-15　马琳各种单一步法使用次数比较

步法种类	D		K	H	T	J	X
	E	Z					
次　　数	32	5	29	46	42	15	116
百分比/%	11	2	10	16	15	5	41

---

[1] 詹晓希. 马琳，王皓，金择洙，蒋澎龙前三板步法组合类型的比较研究［J］. 中国体育科技，2005（3）：95-99.

此外，E主要用于从后向前的移动，T主要用于从前到后的移动，H主要用于马琳从右至左的移动，K和J主要用于从左至右的移动，前者用于小范围移动，后者用于大范围移动。

五、小结

第一，马琳在比赛中单一步法使用次数由高到低的排序依次是：X，H，T，E，K，J，Z，其中X使用率高达41%，X全面参与马琳各种步法组合的构成，集调节击球位置，支持发球抢攻、接发球抢攻、正反手的进攻与防守等各项技术于一身，是马琳单一步法体系中的主体步法。

第二，马琳从右向左移动主要以滑步为主，从左向右移动主要以交叉步和跨步为主，从前向后移动主要以跳步为主，从后向前移动主要以右单步为主。

第三，马琳在比赛中发球抢攻、接发球抢攻、正手组合技术、反手组合技术及正反手组合技术所对应的步法组合多达33种，不同的技术组合采用不同的步法组合，同一技术组合根据不同落点而采用不同的步法组合，其步法组合的特点是机动灵活、快速有力、准确有效、简洁有序。

第四节　王皓在第50届世乒赛中的主要技术诊断及效果分析

本研究运用文献资料法、录象观察法、三段指标评估法等研究方法，对王皓在第50届世乒赛中的1/4、1/2及决赛三场比赛进行了系统分析与研究。通过分析王皓每一分球从发球到发抢再到相持或从接发球到接抢再到相持的使用率及得分率，以及第二板、第三板球的技术应用和效果，找出王皓在技战术上存在的优势与不足（图6-5），试图能为其将来在技战术方面的进一步发展提供有益参考。

图6-5　王皓比赛瞬间

一、研究对象与方法

（一）研究对象

以王皓在第50届世乒赛中的1/4、1/2及决赛三场比赛为研究对象。

（二）研究方法

1. 录像观察法和数理统计法[1]

观看王皓参加的第50届横滨世乒赛1/4决赛、半决赛、决赛三场比赛的技术录像，按照三段统计法将王皓的三场比赛按发球抢攻段、接发球抢攻段和相持段进行得失分的统计，并对所得数据加以整理归纳。

得分率=段得分/（段得分+段失分）×100%
使用率=（段得分+段失分）/（全局得分+全局失分）×100%

2. 乒乓球技战术三段指标评估法[2]

采用目前乒乓球界流行的分段指标评估法，将所得数据与模式值评估指标进行比较和定量分析。模式值评估指标为：

发抢段：得分率60%～70%；使用率25%～30%。
接抢段：得分率30%～50%；使用率15%～25%。
相持段：得分率45%～55%；使用率45%～55%。

---

［1］吴焕群，李振彪. 乒乓球运动员技术诊断方法的研究［J］. 乒乓世界，1990（2）：38-42.

［2］国家体育总局乒乓长盛考研究课题组. 乒乓长盛的训练学探索［M］. 北京：北京体育大学出版社，2002：70-109.

二、王皓在第50届世乒赛中的打法特点总体分析

（一）发球抢攻段

从表6-16可以看出，王皓发球抢攻段的得分率较高，但使用率却普遍较低。由此可见，随着乒乓球运动的发展，企图在前三板解决战斗的难度越来越大，尤其是在与优秀运动员的比赛中体现得特别明显[1]。王皓发球以正手的侧上、侧下短球为主，配合有反向摩擦的旋转球，发球后王皓抢攻的意识比较强，第三板冲抢以正手结合反手直拍横打为主。王皓正手抢拉、抢冲的动作相对较小，重心及腰、腿的配合很好，动作协调、流畅、连续性强，但力量稍欠缺，因而杀伤力差一些。反手直拍横打进攻动作幅度小，隐蔽性强，出手快，成功率高，往往在发抢中给对方不小的冲击，只是在线路方面应该多一些变化。

表6-16　王皓发球抢攻段技术统计

	吉田海伟 日本	马龙 中国	王励勤 中国
得失分	+15，-10	+20，-9	+9，-4
使用率	29	28	16
评价	较高	较高	低
得分率	60	69	69
评价	及格	良好	良好

（二）接发球抢攻段

从表6-17可以看出，王皓在接发球抢攻这个环节上无论是得分率还是使用率都比较高，这表明他在接抢段的技术运用和得分能力都比较好。比赛中，

---

[1] 赵霞. 我国优秀直拍反胶选手马琳和王皓的技战术分析 [J]. 山东体育学院学报，2006，22（2）：79-82.

王皓接发球主要以摆短和直拍横打为主，对于半出台球和出台球偶尔侧身抢拉、抢冲。王皓摆短的速度快，落点多为中路和反手小三角，较为有效地控制了对方第三板的抢攻。王皓的直拍横打技术已经日臻完善、运用娴熟，在接发球时王皓更加信赖直拍横打，对于反手位的半出台球和出台球大部分都采用直拍横打，有时候甚至是侧身位的半出台球和出台球他都使用直拍横打接发球抢攻，王皓接发球抢攻有些过度依赖直拍横打，应该适当增加侧身和挑打的比率，这对以后的比赛是有益的。

表6-17　王皓接发球抢攻段技术统计

	吉田海伟 日本	马龙 中国	王励勤 中国
得失分	+23，-11	+15，-19	+15，-12
使用率	39	33	34
评价	高	高	高
得分率	68	44	56
评价	优秀	良好	优秀

（三）相持段

从表6-18可以看出，王皓相持段的使用率和得分率从1/4决赛到决赛呈明显上升趋势，说明随着比赛的深入，每一分球的争夺更加激烈，相持能力的高低在很大程度上已经成为决定比赛胜负的关键因素[1]。王皓正反手都具备一定的对拉、反拉实力，特别是直板反面进攻技术基本可以和横板进行对抗，有时甚至在与横板反手对拉中略占优势，由于王皓直拍横打弥补了传统直拍反手的不足，所以王皓的相持可以在近、中、远台与对方进行周旋，相持的空间相对增大，相持能力得到了提高。三场比赛中王皓相持段得分率都达到了50%，尤其在与王励勤的比赛中相持得分率达到了55%，评估结果为优秀，这足以说明王皓的相持已经具备了相当的实力。相持段得分率的高低主要取决于3、5板和4、6板的衔接，王皓的直拍横打不仅将3、5板和4、6板有

[1] 苏丕仁.论直拍快攻［J］.北京体育大学学报，1996（1）：32-35.

机地衔接在了一起，而且将台内球与出台球、下旋球与上旋球也衔接了起来，从而使发抢与相持、接抢与相持有机地连接了起来。但王皓的相持也存在明显的不足之处，那就是相持中运用单线多、复线少，变线意识不强，主动进攻时扣杀失误多。

表6-18　王皓相持段技术统计

	吉田海伟 日本	马龙 中国	王励勤 中国
得失分	+14，-14	+20，-20	+22，-18
使用率	32	39	50
评价	较低	较低	中等
得分率	50	50	55
评价	良好	良好	优秀

三、王皓在第50届世乒赛中的主要技术使用情况分析

（一）接发球（第二板）技术运用及效果分析

从表6-19可以看出，在王皓的接发球技术中使用率最高的是直拍横打，总共使用了63次，占接发球总次数的47%，王皓采用直拍横打接发球抢攻的效果很好，不仅有效地抑制了对方第三板的抢攻，而且在接发段争取到了主动。王皓采用直拍横打的接抢方式给发球方造成了很大的心理压力，迫使对方冒着被侧身抢攻的风险频频将球发到中路乃至正手偏中间。直拍横打技术在王皓的身上得到了空前的发展和创新，王皓的直拍横打不仅能拉、能打，而且还能挑、能弹、能拧、能撕、能撇，极大地丰富了直拍横打的内容，直拍横打成了王皓最鲜明的接发球特色[1]。王皓接发球抢攻使用率最低的技术是侧身抢攻，三场比赛中侧身抢攻仅有2次，占接发球总次数的1.5%，侧身抢攻是接发球抢攻的一项重要手段，也是最具威胁的一种接抢方式，比赛中应该适当增加侧身抢攻，避免接发球抢攻方式的单一化。

---

[1] 张晓蓬.1992—2002直拍横打十年志 [J].乒乓世界，2002（10）：52-53.

表6-19　王皓接发球、接发球抢攻（第二板）技术应用及效果评析

	正拉	横拉	侧身	挑	摆短	搓球	合计
吉田海伟	2	27	1	2	7	5	44
日本	好1差1	好13中8差6	1好	好1差1	好3中1差3	好3差2	
马龙	1	25	1	5	18	1	51
中国	好1	好11中8差6	差	好3中1差1	好6中5差7	差1	
王励勤	1	11	0	8	17	2	39
中国	好1	好5中3差3		好4中2差2	好6中9差2	好1差1	

（二）第三板技术的运用及效果分析

从表6-20可以看出，王皓第三板主要以正拉、横打、侧身为主要抢攻手段，抢攻效果比较好，对于机会不好的球不急于上手，使用搓和摆控制对方等待机会，伺机而动。三场比赛中王皓第三板使用正手抢攻49次，占第三板总板数的45%；使用反手直拍横打抢攻45次，占第三板总板数的41%，正手使用率略高于反手使用率。值得一提的是王皓在与吉田海伟的比赛中第三板使用正手抢攻7次，占第三板总板数的22%；使用反手直拍横打抢攻21次，占第三板总板数的66%，反手使用次数是正手使用次数的三倍。虽然王皓的直拍横打进攻威胁比较大，但是反手的杀伤力毕竟有限，解决问题还是要依靠正手，所以第三板的抢攻应该建立以正手为主反手为辅的主次概念，积极主动地使用正手，这样第三板的抢攻才能更加凶狠，才更具有威胁。

表6-20　王皓第三板技术的运用及效果分析

	正拉	横拉	侧身	挑	摆短	搓球	合计
吉田海伟	3	21	3	1	3	1	32
日本	差3	12好5中4差	好2差1	差1	好1中1差1	差1	
马龙	12	7	13	2	8	1	43
中国	好5中4差3	好3中2差	好7中4差2	中1差1	好3中4差1	中1	
王励勤	4	17	10	1	2	1	35
中国	好2中1差1	10好5中2差	好3中4差3	好1	好2	差1	

四、小结

第一，王皓发抢段得分率较高，但使用率却普遍较低。可见，随着乒乓球运动的不断发展，企图借助发球而在前三板解决战斗的难度越来越大，尤其是在与优秀运动员的比赛中体现得更是明显。王皓的发抢应该建立以正手为主、反手为辅的主次概念，横打技术要为侧身抢攻服务，在准备充分的情况下仍以侧身抢攻为主，实现直拍横打与正手抢攻的有机结合，最大限度地提高发球抢攻的威胁。

第二，直拍横打是王皓接发球抢攻最鲜明的技术特色，这种接抢方式让对方很不适应，接抢效果很好，不仅有效地抑制了对方第三板的抢攻，而且在接发段争取到了主动，提高了二、四板攻防转换的能力。但是王皓频繁使用直拍横打接发球抢攻，显得接抢手段过于单一。接发球抢攻段，王皓应该在保持直拍横打接抢特色的基础上与正手接抢相互配合使用，这样既能丰富接发球抢攻的手段，又能避免对方适应直拍横打的接抢方式。

第三，王皓的直拍横打技术弥补了传统直板反手的不足，相持空间相对增大，相持能力得到了极大的提高。但在相持中单线多、复线少，变线意识不强，主动进攻时正手杀伤力小、扣杀失误多。相持中王皓应该主动变线，提高变线意识，加强正手的连续进攻，提高正手的杀伤力及跑动范围，这些都对比赛的制胜起着关键的作用。

第五节　王皓在奥运会、世乒赛和世界杯中的技战术特征分析

王皓采用的是直拍反胶弧圈结合快攻打法，目前世界排名第一，是现阶段我国乒乓球队的领军人物。自从雅典奥运会失利以后（图6-6），王皓曾一度受到质疑，备受争议。王皓所参加的奥运会、世乒赛和世界杯也都受到了乒乓球界极大的关注。王皓从2004年雅典奥运会一路走来，直到2009年横滨世乒赛获得男单冠军证明自己，总共参加了两届奥运会、三届世乒赛、五届世界杯，除2005年上海世乒赛被丹麦选手梅兹挡在8强外，其余的9次比赛王皓都挺进了半决赛，并且7次闯进决赛，然而在这7次决赛中却只收获了一枚世乒赛的金牌和两枚世界杯的金牌，丢失了含金量最高的两块奥运会金牌。王皓为什么总是

在世界重大比赛的关键场次输球，让很多人为之惋惜。为了避免"奥运悲情"再次上演，也为了更好地了解王皓在世界乒乓球三大赛事中技战术水平的发挥，本研究运用专家访谈法、文献资料法、录象观察法、三段指标法以及数理统计法，对王皓从2004—2009年参加的奥运会、世乒赛和世界杯15场77局重要比赛进行了为期6年的跟踪研究，以期总结出王皓在奥运会、世乒赛和世界杯比赛中的一些规律和问题，为王皓进一步在世界乒乓球三大赛事中夺冠提供一定的理论依据。

图6-6 雅典奥运会王皓屈居亚军

一、研究对象与方法

（一）研究对象

王皓2004—2009年参加奥运会（2004年奥运会、2008年奥运会）、世乒赛（2007年世乒赛、2009年世乒赛）及世界杯（2004年世界杯、2005年世界杯、2006年世界杯、2007年世界杯、2008年世界杯）的半决赛和决赛15场77局比赛。

（二）研究方法

1. 录像观察法和数理统计法

观看王皓2004—2009 年参加奥运会、世乒赛及世界杯的半决赛和决赛15场77局比赛的技术录像，按照三段统计法将王皓的15场比赛按发球抢攻段、接发球抢攻段和相持段进行得失分统计，并对所得数据加以整理归纳。

得分率=段得分/（段得分+段失分）×100%

使用率=（段得分+段失分）/（全局得分+全局失分）×100%

2. 乒乓球技战术三段指标评估法[1]

采用目前乒乓球界流行的三段指标评估法，将所得数据与模式值评估指标进行比较和定量分析。模式值评估指标为：

发抢段：得分率60%～70%，使用率25%～30%。

接抢段：得分率30%～50%，使用率15%～25%。

相持段：得分率 45%～55%，使用率45%～55%。

二、王皓参加奥运会、世乒赛和世界杯比赛的总体实力分析

从表6-21可以看出，王皓发抢段得分率时高时低，变化起伏不定，发球抢攻技术在比赛中的运用很不稳定，总体看来王皓发抢段平均得分率低，平均使用率也低，说明王皓的发球抢攻技术还需要提高。通过观察比赛录像发现，在发球抢攻段，王皓的发球以"前搓式"逆向旋转为主，偶尔配合使用"抖动式"发球，发球以侧上、侧下短球为主，转与不转相互配合，发球以后王皓抢攻意识明显，以正反手两面上手为主，其正手抢攻动作幅度相对比较小，腰、腿的配合很好，动作协调、流畅，连续性强，但力量稍欠缺，进而杀伤力差一些，命中率也较低。王皓的反面横打起板在发抢段也占了相当一部分比例，其直拍横打抢攻出手快、隐蔽性强、弧线带侧拐，往往令对手很难适应，抢攻效果很好，但对方一旦适应抢攻效果就会明显下降。由此可见，影响王皓发抢实力的主要原因在于其正手，只有进一步加强正手抢攻的力量，提高正

---

[1] 吴焕群，李振彪. 乒乓球运动员技术诊断方法的研究 [J]. 乒乓世界，1990（2）：38-42.

手抢攻的命中率，适当增加正手抢攻的比例，才能从根本上提高王皓发球抢攻的整体实力[1]。

表6-21　王皓2004—2009年参加奥运会、世乒赛和世界杯比赛技术统计结果

年份赛事	对手	战绩	发抢段		接抢段		相持段	
			得分率（%）	使用率（%）	得分率（%）	使用率（%）	得分率（%）	使用率（%）
2004年奥运会男单1/2	王励勤	4∶1	73	27	64	33	39	40
2004年奥运会男单决赛	柳承敏	2∶4	54	26	46	40	44	34
2004年世界杯男单1/2	马 琳	0∶4	57	26	55	35	40	39
2005年世界杯男单决赛	波 尔	3∶4	56	26	48	40	44	34
2006年世界杯男单1/2	萨姆索诺夫	4∶0	59	24	72	31	56	45
2006年世界杯男单决赛	马 琳	3∶4	64	27	57	34	32	39
2007年世界杯男单1/2	波 尔	4∶0	82	24	44	38	67	38
2007年世界杯男单决赛	柳承敏	4∶0	64	18	67	39	55	43
2007年世乒赛男单1/2	马 琳	2∶4	56	29	53	36	44	35
2008年世界杯男单1/2	格林卡	4∶2	82	17	48	31	51	52
2008年世界杯男单决赛	波 尔	4∶1	65	20	62	37	50	43
2008年奥运会男单1/2	佩尔森	4∶1	58	20	65	32	47	48
2008年奥运会男单决赛	马 琳	1∶4	52	24	52	26	43	50
2009年世乒赛男单1/2	马 龙	4∶1	69	28	44	33	50	39
2009年世乒赛男单决赛	王励勤	4∶0	69	16	56	33	55	50
合计			64	24	56	34	48	42

王皓在接抢段平均得分率高，使用率也高，接发球抢攻是王皓三段技术中最为成熟和稳定的技术。王皓接发球抢攻主要是以直拍横打为主，正手挑打和侧身抢攻为辅。王皓的直拍横打技术运用娴熟，不仅能拉、能打，而且还能挑、能弹、能拧、能撕、能撇，极大地丰富了直拍横打的内容，直拍横打接发球抢攻是其鲜明的技术特色。在大多数情况下王皓更加信赖其直拍横打，更多的球都是以直拍横打发起进攻，直拍横打稳定的发挥和多变的球路

[1] 吴焕群，张晓蓬.乒乓长盛的训练学探索［M］.北京：北京体育大学出版社，2002，1-69.

为王皓在接抢段得分创造了有利的条件。但在比赛中，王皓接抢段有些过度依赖直拍横打，甚至是侧身位的半出台球和出台球他都使用直拍横打抢攻，显得接抢手段既单一又不合理，应该适当增加正手使用的比例，这对以后的比赛是有益的。

相持在比赛中至关重要，相持能力的高低是决定比赛胜负的主要因素。王皓相持段平均使用率较低，但平均得分率比较高，这足以说明作为直板运动员的王皓已经具备了很强的相持实力。通过观察比赛录像，王皓正反手都具备一定的对拉、反拉能力，特别是直拍横打技术的使用极大地弥补了直拍反手位主动进攻能力不足、进攻方式少、中远台反手相持能力差的弱点。直拍横打技术与传统的推挡技术相比有了质的飞跃，实质性地改变了直拍反手的先天不足，所以王皓的相持可以在近、中、远台与对方进行周旋，相持的空间相对增大，相持能力得到了极大的提高[1]。

三、王皓参加奥运会、世乒赛和世界杯比赛的技战术对比分析

从2004年雅典奥运会到2009年横滨世乒赛，王皓总共获得了一届世乒赛冠军、两届世界杯冠军，期间两度闯入奥运会决赛却都与冠军失之交臂，下面我们来看看王皓在奥运会、世乒赛和世界杯比赛中三段使用率和得分率究竟有什么不同。

从表6-22可以看出，在使用率方面奥运会、世乒赛和世界杯比赛的三段使用率无明显变化，说明王皓的技战术打法与赛事的级别无关。在得分率方面，奥运会、世乒赛和世界杯比赛的三段得分率存在着一定的差异，其中世界杯三段得分率最高，世乒赛次之，奥运会三段得分率最低。三段得分率的差异主要表现在发抢段和相持段，通过表8-22的数据还可以发现，从世界杯到世乒赛，从世乒赛到奥运会，发抢段和相持段的得分率有逐渐下降的趋势。从比赛录像中不难看出，王皓在奥运会比赛中，尤其是奥运会决赛中经常会出现保守的现象，一旦产生想赢怕输的思想，发球抢攻的失误就会增多，抢攻的质量就会下降，处理球就会求稳，相持能力也随之下降，技战术特长就得不到充分发挥，这是王皓在两届奥运会决赛中输球的主要原因[2]。由此我们可以看出，

[1] 赵霞. 我国优秀直拍反胶选手马琳和王皓的技战术分析 [J]. 山东体育学院学报，2006（2）：79-81.

[2] 陈惠玉，胡振浩. 王皓乒乓技战术发展趋势 [J]. 北京体育大学学报，2008（6）：849-851.

王皓在奥运会、世乒赛和世界杯比赛中三段使用率与赛事的级别无关，但三段得分率与赛事的级别有关，且越是重量级比赛三段得分率越低。

表6-22　王皓参加奥运会、世乒赛和世界杯比赛技战术对比分析

赛事	发抢段		接抢段		相持段	
	得分率	使用率	得分率	使用率	得分率	使用率
世界杯	66	22	57	36	51	42
世乒赛	65	24	51	34	50	41
奥运会	59	24	57	33	43	43

四、王皓参加奥运会、世乒赛及世界杯比赛的半决赛与决赛技战术对比分析

从雅典奥运会到横滨世乒赛，王皓总共参加了两届奥运会、三届世乒赛、五届世界杯，其中9次入围半决赛并且7次获胜，半决赛的胜率是78%，然而王皓7次闯进决赛仅有3次获胜，决赛的胜率是43%，半决赛的胜率明显高于决赛。下面我们再来看看王皓在半决赛和决赛中的三段使用率和得分率有什么不同。

从表6-23可以看出，在使用率方面，半决赛和决赛中的三段使用率基本相同，三段使用率没有随着比赛的深入而产生明显的变化，说明王皓的技战术使用情况与比赛的进程无关。在得分率方面，决赛与半决赛三段得分率截然不同，决赛的三段得分率明显低于半决赛，其中得分率下降幅度最大的是发抢段（68%；61%）；其次是相持段（50%；46%）；下降幅度最小的是接抢段（56%；55%）。这足以说明从半决赛到决赛，王皓的三段得分率随着比赛的逐步深入而下降。通过对比赛录像观察我们发现，在半决赛中王皓发球抢攻自信果断、霸气十足，抢攻的命中率高，质量也高，前三板积极主动，给相持段得分创造了有利条件。而到了决赛，王皓发球抢攻明显有些保守，发球抢攻质量下降、命中率降低、失误较多，前三板的相对保守给相持段造成很大的压力，直接造成相持段的得分率下降。可见，王皓在半决赛和决赛中不同的心态直接导致了三段得分率的差异，近而影响到了决赛的胜率[1]。由此我们可以

---

[1] 朱惠平. 王皓在第五十届世乒赛中的主要技术诊断及效果分析 [J]. 云南师范大学学报，2010（3）：70-73.

看出，王皓在半决赛和决赛中的技战术使用情况基本相同，但三段得分率有所不同，三段得分率随着比赛的逐步深入而下降。

表6-23　王皓参加奥运会、世乒赛以及世界杯比赛的半决赛与决赛技战术对比分析

赛程	发抢段		接抢段		相持段	
	得分率	使用率	得分率	使用率	得分率	使用率
半决赛	68	24	56	34	50	42
决赛	61	22	55	36	46	42

五、小结

第一，王皓发抢段平均使用率低，得分率也低，发球抢攻的整体实力还需要进一步提高；接抢段平均使用率高，得分率也高，接发球抢攻是三段技术中最为成熟和稳定的技术；相持段平均使用率低，得分率较高，直拍横打极大地弥补了直板反面进攻的不足，从根本上提高了直板运动员的相持能力。

第二，王皓在奥运会、世乒赛和世界杯比赛中三段使用率与赛事的级别无关，但三段得分率与赛事的级别有关，且越是重量级的比赛三段得分率越低；王皓在半决赛和决赛中三段使用率基本相同，但三段得分率却有所不同，三段得分率随着比赛的逐步深入而下降。

第三，王皓的技战术水平发挥与赛事的级别和比赛的进程有关，赛事越重要比赛越深入，王皓的三段得分率就越低，这一点足以说明王皓的技战术水平发挥受其心理影响很大，王皓要想在决赛中提高胜率，要想获得奥运冠军，必须具备过硬的心理素质，王皓只有过了心理关才能在世界乒乓球三大赛事中取得更加辉煌的成绩。

第七章 日本优秀乒乓球运动员
制胜规律的个案分析

第一节 日本优秀女子乒乓球运动员平野美宇的
打法特点及制胜因素分析

2017年4月，在中国无锡举办的第23届亚洲乒乓球锦标赛（以下简称亚锦赛），日本女子乒乓球运动员平野美宇连续战胜了丁宁、朱雨玲、陈梦三大中国主力，一举夺得了冠军。平野美宇在亚锦赛上的夺冠，震惊了整个世界乒坛（图7-1）。作为非中国人的第三个获得亚锦赛冠军的运动员，国际乒联给予了高度褒奖："她打破了中国的垄断，让世界震惊了。"[1]在日本乒乓球运动史上，获得过亚锦赛冠军的只有1974年的支野富江和1996年的小山智

图7-1 第23届亚洲乒乓球锦标赛平野美宇夺冠

---

[1] 周超. 日媒：平野美宇三连破中国选手 中国主帅拜服［EB/OL］. http：//sports.sina.com.cn/others/
pingpang/2017-04-16. html

丽，因此对于平野美宇的胜利，整个日本几乎沸腾了，在SNS（日本网站）讨论区日本网民纷纷表示平野美宇就是中国女乒垄断时代的终结者，其热议程度创下了历史新高[1]。

中国女乒自从1995年天津世锦赛重新确立统治地位后，除了2010年兵败莫斯科——负于新加坡女团，还从未有过如此大的惨败（3名国乒主力同时被一名17岁的日本小将击败）。对于本届亚锦赛中国女乒失败的原因，国家体育总局副局长蔡振华连夜召开了两次紧急会议[2]，国乒教练组更是被推到了舆论的风口浪尖。一时间中国女乒无锡之败成为国内各大媒体争相报道的头版头条，有关中国女乒失败的各类新闻呈铺天盖地之势席卷而来。平野美宇究竟何许人也，为何能够在本届亚洲锦标赛上给中国女乒带来如此之大的冲击呢？其实，平野美宇并非无名小卒，只是一直没有引起我国乒乓球界的关注而已。通过梳理平野美宇近年来的比赛成绩发现，早在2014年3月平野美宇就已经获得了德国公开赛的双打冠军，崭露头角；紧接着，在2016年4月就获得了波兰公开赛的单打冠军，少年成名；同年10月在世界杯中，平野美宇先后淘汰伊藤美诚和冯天薇等世界名将闯入决赛，最终以4比0战胜中国台湾的郑怡静夺冠，成为世界杯历史上最年轻的冠军得主（16岁178天）；2017年1月平野美宇在日本乒乓球全国锦标赛的决赛中4比2击败石川佳纯，成为日本乒乓球历史上最年轻的全国冠军（16岁9个月），同时也取代了师姐石川佳纯成为日本女子乒乓球的第一主力。对于平野美宇的快速上升，中国乒乓球界始终没有一个正确而清醒的认识。每当谈及日本女乒威胁论，总会有人觉得这是在危言耸听，总认为中国女乒稳如泰山。即便是在亚锦赛1/4决赛平野美宇2：3逆转丁宁之后，多数人都还是觉得平野美宇赢一场丁宁代表不了什么。直到平野美宇横扫了朱雨玲和陈梦夺冠之后，才发现"狼真的来了"。

对于平野美宇在亚锦赛中的表现，中国女乒主教练孔令辉坦言："平野美宇的技术比我们先进，球速很快，我们很容易被压制住。她已经超越冯天薇、福原爱等人成为中国女乒的头号对手。"[3]中国乒乓球队总教练刘国梁则表

［1］Anemone. 日网友：平野是魔法少女吗 她比福原爱更有灵气［EB/OL］. http：//sports. sina. com. cn/others/pingpang/2017-04-16. html

［2］风之子. 曝蔡振华连夜训话国乒 因惨败日本开整风会［EB/OL］. http：//sports. 163. com/17/0416/10/CI4TTG8400058782. html

［3］郭健. 孔令辉：平野已成中国头号对手 赞其技术更先进［EB/OL］. http：//sports. sohu. com/20170415/n488631555. shtml

示："平野美宇比我想象中的水平要高，她的表现很平稳。她能连赢三名中国运动员，而且后两场都是3-0，这已经不算爆冷了，她的技术是先进的。"[1]中国女乒金牌教练李隼认为："平野美宇2016年拿了世界杯冠军之后，整体实力提升很快，上旋球能力比较强，几套得分技术练得比较精。"[2]对于亚锦赛平野美宇的获胜原因中央电视台也做了调研，25%的观众认为是国乒对新球、新赛制的不适应；22.5%的观众认为是国乒教练组需要磨合；15%的观众认为是日本年轻选手的崛起；37.5%的观众认为是中国女队员打法不再先进[3]。

平野美宇到底为什么能够在亚锦赛上连续战胜丁宁、朱雨玲、陈梦中国的三大主力？其打法特点和制胜规律究竟是什么？国内迄今已有不少资深乒乓球教练、专家学者、媒体、坊间百姓等都阐明了自己的观点，但都是凭借自身的经验给出的一些定性分析，运用定量分析的办法来说明平野美宇打法特点及制胜因素的学术研究还比较欠缺。鉴于此，本研究运用文献资料法、专家访谈法、录像观察法、三段指标评估法及数理统计法，对平野美宇在亚锦赛1/4决赛逆转丁宁、1/2决赛淘汰朱雨玲、决赛战胜陈梦的比赛情况进行了全面的统计分析，以期能够发现平野美宇的打法特点及制胜因素。

一、研究对象与方法

（一）研究对象

以日本优秀女子乒乓球运动员平野美宇的打法特点及制胜因素为研究对象。

---

［1］赵欣悦. 刘国梁：丢女单金牌是好事 痛定思痛国乒才能重新出发［EB/OL］. http：//sports. people. com. cn/n1/2017/0417. html

［2］月光. 杨影赞平野美宇打出神话 李隼：刺激我们 东京见［EB/OL］. http：//sports. sina. com. cn/ others/pingpang/2017-04-15. html

［3］RED. 央视：平野也是咱们教出来的 一个月后世乒赛见［EB/OL］. http：//sports. sohu. com/20170418/n489101539. shtml

（二）研究方法

1. 文献资料法

通过中国知网、西北民族大学图书馆等途径，以"无锡亚锦赛""平野美宇"及"三段指标评估法"为关键词，2017年4月查阅专著5部、期刊论文30篇及学位论文12篇，为本研究奠定了坚实的理论基础。同时，还通过报纸、网络等媒体平台查阅了2017年4月有关平野美宇的新闻报道共20余篇，第一时间获取了有关平野美宇的前沿资料，也为本研究提供了重要的理论依据。

2. 录像观察法和数理统计法

观看了2017年亚锦赛1/4决赛平野美宇对阵丁宁、1/2决赛平野美宇对阵朱玉玲、决赛平野美宇对阵陈梦的技术录像，采用三段统计法将平野美宇的三场比赛按发球抢攻段、接发球抢攻段和相持段进行得失分统计，并对所得数据加以整理归纳。

得分率=段得分/（段得分+段失分）×100%

使用率=（段得分+段失分）/（全局得分+全局失分）×100%

3. 乒乓球技战术三段指标评估法[1]

采用目前乒乓球界技、战术研究领域中应用最为广泛的三段评估法，将所得数据与模式值评估指标进行比较和定量分析。模式值评估指标为：

发抢段：得分率60%~70%（及格60%，良好65%，优秀70%）；使用率25%~30%。

接抢段：得分率30%~50%（及格30%，良好40%，优秀50%）；使用率15%~25%。

相持段：得分率45%~55%（及格45%，良好50%，优秀55%）；使用率45%~55%。

---

［1］吴焕群，李振彪.乒乓球运动员技术诊断方法的研究［J］.乒乓世界，1990（2）：38-42.

二、平野美宇的打法特点分析

（一）发球抢攻段

从表7-1的统计结果可以看出，发球抢攻是平野美宇最主要的得分手段，同时也是最具威胁的得分战术。在本届亚锦赛中，平野美宇无论是面对小将朱雨玲、陈梦，还是大满贯得主丁宁，其发抢段得分率都达到了65%以上，尤其是在与朱雨玲的比赛中，平野美宇的发抢得分率高达81.3%，这在注重相持的女运动员中并不多见。平野美宇发抢段的技术优势主要得益于发球的变化和凶狠的正反手两面进攻，特别是平野美宇的发球为第三板的抢攻创造了不少机会。平野美宇的发球以逆向旋转为主，发球的变化主要靠落点的长短来实现。一般情况下，乒乓球运动员的发球以近网短球为主，长球是为了配合短球偶尔使用的牵制性发球技术[1]。在本届亚锦赛中，平野美宇却打破了现代发球战术的禁忌，在发球中加大了对长球的使用比重，形成了"以短为主、以长为辅、长短并重"的发球新套路。为了更好地说明平野美宇"长短并重"的发球新变化，本研究对其发球的落点（长短）进行了专门的统计。

表7-1 平野美宇发球抢攻段技术统计表

对阵选手	得分	失分	使用率（%）	得分率（%）	评估等级
丁宁	17	9	23.2	65.4	良好
朱雨玲	13	3	28.1	81.3	优秀
陈梦	8	3	19.3	72.7	优秀
平均值	12.7	5	23.5	73.1	优秀

从表7-2的统计结果可以看出，平野美宇无论是在逆转丁宁的困境中，还是在战胜朱雨玲和陈梦的顺境里，急长发球的使用比例都一直居高不下，特别是在逆转丁宁的那场比赛中，其急长发球的使用比例达到了36.8%，可见急长发球已经成为平野美宇打破僵局、逆转比赛的杀手锏。一般情况下，长球"容

---

[1] 朱惠平. "轻体育"背景下乒乓球运动"软式化"研究［J］. 南京体育学院学报，2015，14（2）：67-70.

易被攻"，发球应该以控制对方上手的台内短球为主。为何平野美宇如此大比重地使用急长发球非但没有出现"容易被攻"的被动局面，反而成为冲击对手的有力武器。主要原因在于平野美宇的急长发球不仅球速快、旋转强、落点长、冲力大，而且使用得非常娴熟。此外，配合急长发球的几套战术练得也比较精。

表7-2　平野美宇发球情况统计表

对阵选手	发球总次数	长球			短球		
		应用次数	使用比例（%）	直接得分	应用次数	使用比例（%）	直接得分
丁宁	57	21	36.8	3	36	63.2	5
朱雨玲	27	10	37	4	17	63	2
陈梦	28	7	25	2	21	75	4
平均值	37.3	12.7	32.9	3	24.7	67.1	3.7

急长发球能够从幕后走到台前，从配角变成主角的原因有三点：一是随着反手拧拉技术的日趋完善，全台接发球抢攻无死角，短球和长球一样都会被攻；二是使用新型塑料乒乓球后，发出高质量的近网短球变得愈加困难；三是急长发球具有速度快、旋转强、落点长、冲击力大等优势。目前，对于急长发球的研究日本队已经走在了世界的前列，早在2014年日本的一名男子乒乓球运动员就发出了号称肉眼根本无法看清的史上最快发球，国际乒联的著名主持人Adam还专门体验了一回[1]。可惜，日本乒乓球队在急长发球方面的不断探索，并没有引起国乒的高度重视。在本届亚锦赛中，平野美宇正是利用了急长发球的强大冲击力，在发抢段给中国运动员制造了不小的麻烦。对于急长发球的辩证应用，国乒一定要引起足够的重视。

（二）接发球抢攻段

从表7-3的统计结果可以看出，平野美宇的接发球抢攻同样具有一定的优势，不仅使用率高，而且得分率也不低，场均39.8%，接近良好标准。在乒乓

---

［1］DARKER. 号称全世界速度最快的发球，纯肉眼根本无法看清！［EB/OL］. http：//sports. sohu. com/20170402/n486121491. shtml

球比赛中，接发球方一般都是通过摆短、劈长等手法控制发球方的有效进攻，同时为第4板的防守反击或抢攻创造机会，从场面上看接发球方更被动一些。在发球抢攻环节争取多得分，接发球抢攻环节尽量少失分，这一点早已成为乒乓球运动员达成的共识[1]。然而，在本次亚锦赛中平野美宇却一改传统的接发球抢方式，频繁地使用反手拧拉技术回接近网短球，特别是在与丁宁的比赛中反手拧拉回接发球的比例已经逼近40%（表7-4）。平野美宇的拧拉技术并非只在反手位使用，即便是面对正手小三角的来球也经常使用，其反手拧拉技术基本上已经能够达到全台使用的水准，这在一定程度上极大地扭转了接发球环节的被动局面。反手拧拉完全属于进攻型技术，是高水平男子运动员接发球环节被动变主动的标志性技术，平野美宇能够熟练掌握并在比赛中频繁使用，说明其接发球抢攻技术趋向于男子化，这也正是孔令辉所说的"平野美宇的技术比我们先进"的主要地方。

表7-3 平野美宇接发球抢攻段技术统计表

对阵选手	得分	失分	使用率（%）	得分率（%）	评估等级
丁宁	17	22	34.8	43.6	良好
朱雨玲	8	9	29.8	47.1	良好
陈梦	4	10	24.6	28.6	不及格
平均值	9.7	13.7	29.7	39.8	及格

表7-4 平野美宇的接发球方式统计表

对阵选手	发球总次数	正手拉		正手挑打		正手推		反手拧拉		摆短等	
		次数	比例（%）	次数	比例（%）	次数	比例（%）	次数	比例（%）	次数	比例（%）
丁宁	55	3	5.5	5	9.1	10	18.2	21	38.2	16	29.1
朱雨玲	30	1	2.6	3	10	3	10	4	13.3	19	63.3
陈梦	28	3	10.7	1	3.6	2	7.1	6	21.4	16	57.1
平均值	37.7	2.3	6.3	3	7.6	5	11.8	10.3	24.3	17	49.8

　　除了反手拧拉外，正手挑打和正手推也是平野美宇接发球抢攻的主要技术手段。平野美宇的正手挑打出手快、发力足、下手狠，带有一定的搏杀性质，

---

[1] 兰彤. 第12届全运会乒乓球男子单打决赛解析及技、战术前沿动态研究［J］. 中国体育科技，
　　2014，50（5）：57-61.

往往令人猝不及防，当然失误率也比较高。相比较而言，平野美宇的正手推是一种比较温和的接发球方式，该技术以借对方的旋转为主，具有回球速度快、落点变化多、弧线低平、稳定性高等特点。由于正手推与正手挑打的准备姿势、移动步法及击球手法都非常接近，因此在正手挑打的威慑下，正手推也取得了不错的接发球效果。平野美宇的正手挑打与正手推相互补充、相辅相成，共同形成了"凶中有稳、稳中有凶"的正手接发球风格。

凭借着反手拧拉、正手挑打、正手推等技术的出色发挥，平野美宇在接抢段使比赛场面迅速朝向均衡态势发展，从根本上改变了接发球环节的被动局面。与此同时，也使一分球的争夺从接发球环节就已经展开，对抗性增强，比赛节奏明显加快[1]。

（三）相持段

从表7-5的统计结果可以看出，平野美宇的相持段使用率不高，但得分率却相对较高，场均51.3%，达到了良好的标准。相持段是运动员在发球抢攻或接发球抢攻后未能结束一分的争夺，而进入与对手对攻或对冲的阶段[2]；同时也是运动员第四板之后可采取的各种进攻和控制的方法总和，充分体现了一名运动员的攻防转换能力和运用特长技术的得分能力，是比赛制胜的关键阶段。从比赛录像中我们可以明显看出，平野美宇在相持中始终处于一种主动进攻的态势，相比较而言势均力敌的均衡相持和处于劣势的被动相持并不多。平野美宇在相持中的优势主要建立在凶狠的发球抢攻和积极主动的接发球抢攻之上。在发球轮，平野美宇凭借凶狠的发球抢攻在前三板占据了绝对的优势，即便是不能在发抢段结束比赛直接得分，都是以主动进攻的态势转入相持。在接发球轮，平野美宇依靠反手拧拉等特长技术，从根本上改变了接发球环节的被动局面，从而使接发球轮的相持也朝向有利于进攻的一面迅速发展。除此之外，平野美宇能够在相持中获得优势的另一个重要原因就是"先变线"，所谓"先变线"是指运动员通过率先变线，以达到得分或争取主动的目的[3]。在

［1］牟春蕾，李晓甜，吴飞，等. 第52届世界乒乓球锦标赛女子单打半决赛、决赛技、战术运用特点分析［J］. 中国体育科技，2014，50（3）：25-30.

［2］张瑛秋. 现代乒乓球训练方法［M］. 北京：北京体育大学山版社，2008：26-28.

［3］屈子圆. 中国优秀乒乓球女单选手"先变线"的技战术分析［J］. 北京体育大学学报，2016，39（5）：92-95.

比赛中，平野美宇"先变线"的比例明显高于陈梦、朱雨玲和丁宁，这主要与其打法有关。平野美宇身高低、体重小、反应速度快，因此通过主动变线、改变落点来得分是其主要技术特征。从变线求变的角度来看，平野美宇打得最为积极主动，而陈梦、朱雨玲和丁宁在"先变线"方面表现得并不主动；从"先变线"的总体效果来看，平野美宇"先变线"之后总能为相持赢得先机；从"先变线"的区域来看，平野美宇更倾向于在近台正手区和近台中区"先变线"。

表7-5　平野美宇相持段技术统计

对阵选手	得分	失分	使用率（%）	得分率（%）	评估等级
丁　宁	20	27	42.0	42.6	不及格
朱雨玲	11	13	42.1	45.8	良好
陈　梦	21	11	56.1	65.6	优秀
平均值	17.3	17	47.0	51.3	良好

三、平野美宇的制胜因素分析

制胜因素是中国乒乓球队长期以来根据经验在竞技要素的基础上抽象出来的概念，是对事物本质的一种认识[1]。20世纪60年代，中国乒乓球队总结出的传统直拍快攻的制胜因素是"快、准、狠、变、转"，随后总结的直板反胶打法的制胜因素是"快、转、准、狠、变"等[2]。制胜因素的每一个字都是一个相对的概念，都具有丰富的内涵。将乒乓球运动员每一板球的5个物理要素和各自不同水准的制胜因素相结合，就形成了运动员各自不同技术风格的制胜规律，如以凶怪风格为主的邓亚萍、以快巧风格为主的刘国梁。通过对比赛录像的观察不难发现，平野美宇在与中国运动员的角逐中，"速度快、出手狠"是其主要的制胜规律，这种规律是经过长期的训练培养起来的、较为成熟和定型化了的技术风格。

---

[1] 吴焕群，张晓蓬，等.中国乒乓球竞技制胜规律的科学研究与创新研究［M］.北京：人民体育出版社，2009：33-38.

[2] 谭亮，杨德敏.乒乓球项目制胜规律与其训练方法的耦合研究［J］.贵州体育科技，2014（4）：38-41

（一）速度快

速度快是平野美宇制胜的主要法宝，这个"速度快"主要包含两层意思：一是平野美宇的移动速度快，可以在最短的时间内调整好重心和站位，找到最佳的击球位置；二是平野美宇站位靠近球台，在来球上升期击球，缩短了击球的时间，回球速度快。

从表7-6的统计结果可以看出，与丁宁、朱雨玲和陈梦3名中国运动员相比，平野美宇的身高最矮、体重最轻，看似护台面积小、移动速度慢，身材有一定的"缺陷"。其实不然，乒乓球的移动往往都是短距离的起动、制动及变换方向，需要运动员能够在最短的时间内迅速、准确、协调地改变身体运动的空间位置，而不是长时间大距离的同向位移[1]。有研究表明身高和重心高度对运动员的方向转换速度测试（CODS）有潜在的影响[2]，一般认为较高的身高和重心不利于改变方向，因为要通过降低重心而改变方向需要更多的时间[3]。另外，体重越大惯性就越大，惯性越大改变移动方向就越困难，体重对运动员快速改变方向也有一定的影响。由此可见，平野美宇的身高和体重在乒乓球运动的专项移动速度上占有一定的"先天优势"，为其在最短的时间内调整好站位、找到最佳的击球位置提供了极大的便利。

表7-6　平野美宇与丁宁、朱雨玲、陈梦的身体形态对比表

	平野美宇	丁宁	朱雨玲	陈梦
身高（cm）	155	173	161	163
体重（kg）	46	64	53	55

乒乓球从台面上反弹后分为上升初期、上升后期、最高点、下降初期和下降后期5个击球时期，在不同的时期击球会有不同的效果。平野美宇无论是

[1]李智伟，陈志军，周烈铭. 乒乓球运动员体能特征分析及训练对策研究［J］. 四川体育科学，2006，（2）：76-77.

[2]张剑，刘莹，李凯. 灵敏性的影响因素和评价方法研究［J］. 博击·体育论坛，2010，2（11）：1-4.

[3]赵西堂，李晓琨，葛春林. 运动灵敏素质影响因素研究进展［J］. 体育学刊，2014，21（4）：118-124.

进攻还是防守，都在积极地拼抢前点击球。在进攻时，平野美宇具有在上升初期快拉上旋球的能力；在防守中，平野美宇具有在上升初期快撕、快带上旋来球的能力。上升初期的快撕、快带属于主动防守技术，可以使回球速度更快[1]。在比赛中，特别是在对方发球抢攻时，快撕、快带弧圈球是平野美宇防守转进攻的重要手段。平野美宇抢前点击球不仅有效缩短了击球所需要的时间，而且还有助于借用来球的反弹力加快回球的飞行速度。除此之外，平野美宇在击球的时候还尽可能地压低弧线，使回球的飞行路线得以缩短。对于平野美宇击球的速度，国际乒联赞叹道："她根本不离开球桌，给中国运动员制造了不小的麻烦。"[2]总之，平野美宇总是在想方设法地加快进攻的节奏和速度，速度快已经成为平野美宇制胜的首要技术特点和规律。

（二）出手狠

出手狠是平野美宇制胜的重要手段，其凶狠主要体现在4个方面：一是开局就以凶字当头，用自己的特长技术抑制对手的发挥，先下手为强；二是前4板力争主动，抢先上手，形成威胁；三是攻防转换中过渡球少，主要通过近台发力技术从被动变主动，实现强转换；四是关键球敢于下手，勇于搏杀，而且能够一拼到底[3]。

为了进一步说明平野美宇的凶狠程度，本研究引入了强势得分的概念。所谓强势得分也叫主动得分，是指运动员使用很大的力度或者精巧的角度，迫使对方无法防守，或者防守但球拍无法碰到球就已得分，通常是网球比赛中用来体现运动员攻击性和凶悍程度的技术指标。一个强势得分的出现往往会带来一连串的连锁反应，得分者往往士气高涨、连续得分，失分者则备受打击、连续失分。乒乓球运动由于受器材、击球力量等众多因素的制约，通常情况下很少打出强势得分球，但从表7-7的统计结果我们不难发现，平野美宇在对阵丁宁、朱雨玲和陈梦的比赛中总共狂轰出23个强势得分球，场均7.7个，其攻击

[1]方文.中国乒乓球队制胜因素的实证研究［J］.广州体育学院学报，2007，27（3）：6-9.

[2]Anemone.日网友：平野是魔法少女吗 她比福原爱更有灵气［EB/OL］.http：//sports.sina.com.cn/others/pingpang/2017-04-16.html

[3]陈德林.中国乒乓球制胜技术风格的演变与基础训练对策［J］.吉林体育学院学报，2007，23（1）：48-49.

性和凶狠程度可见一斑。此外，值得强调的一点是平野美宇的凶悍并非只是针对中国运动员，即便是在与师妹伊藤美诚的同门之争中依然如此，出手凶狠是平野美宇的主要打法特征之一。这种凶狠的打法一般情况下发挥不太稳定，不过一旦发挥出来后患无穷，就像一颗定时炸弹一样随时都会引爆。在2020年的东京奥运会上，如何有效扼制平野美宇的凶狠，对中国乒乓球女队来说将是一个不小的挑战。

表7-7　平野美宇强势得分情况统计表

对阵选手	比赛总得分	强势得分次数	强势得分比例（%）
丁宁	54	12	22.2
朱雨玲	33	6	18.2
陈梦	33	5	15.2
平均值	40	7.7	18.5

四、小结

第一，速度是平野美宇制胜的主要法宝，其速度优势主要体现在两个方面：一是平野美宇身高低、体重轻，移动速度快；二是平野美宇站位靠近球台、动作幅度小、出手速度快。针对平野美宇的速度优势，目前不少学者根据以往的历史经验提出了用旋转制约的想法。但是，今非昔比，现在的乒乓球体积大、重量大，旋转在制胜要素中的影响力正在逐渐弱化，依靠旋转制约速度的想法值得商榷。

第二，凶狠是平野美宇制胜的重要技术手段，从发球抢攻到相持或从接发球抢攻到相持，其凶狠贯穿在每一分球的每一个阶段。平野美宇的凶狠是通过长期训练所形成的一种技术风格，并非只是针对中国运动员所实施的一种搏杀战术，这一点我们必须要有一个清醒的认识。在今后的比赛中，如何有效扼制平野美宇的凶狠，将是确保胜利的另一关键因素。

第三，随着乒乓球规则的不断演变，在发球的过程中近网短球已无昔日的优势可言。为了在发球上寻求新的突破，平野美宇打破了现代发球战术的禁忌，在发球中加大了长球的使用比重，形成了"以短为主、以长为辅、长短并重"的发球新策略，急长发球已经成为平野美宇打破僵局，甚至是逆转比赛的有力武器。对于平野美宇在发球技术上的这一变化，中国乒乓球队一定要引起足够的重视。

第四，在无锡亚锦赛上，平野美宇连续战胜了三名中国主力队员，"狼"真的来了，警钟已经敲响，不能再抱着侥幸的心理看待平野美宇的胜利。在接下来的一系列世界大赛中，无论平野美宇的战绩如何我们都不能小觑，一定要把平野美宇作为主要对手去研究，毕竟2020年的东京奥运会平野美宇才刚满20岁，正是技术最成熟、经验最丰富、体能最充沛、冲击能力最强的时候。除此之外，平野美宇"有些技术甚至比我们还先进"，这对中国女队称雄于世界乒坛构成了严重的威胁。

第二节　东京奥运会周期我国女乒主要竞争对手伊藤美诚的技战术特征及制胜因素分析

纵观世界乒坛，目前对中国女乒再次蝉联奥运冠军威胁最大的就是东道主日本队，尤其是日本的伊藤美诚。伊藤美诚使用右手横握球拍，正手反胶、反手生胶，弧圈结合快攻打法。2000年10月21日出生于日本静冈县磐田市，2岁跟随母亲学打乒乓球，5岁时被送入水谷隼父亲水谷信雄举办的培训学校接受专业训练。2009年获得全日本小学四年级以下组冠军；2012年获得中国台湾青少年公开赛U–15与U–18两个级别赛事的冠军；2014年获得国际乒联职业巡回赛女子双打冠军，创造巡回赛历史上最年轻冠军组合的纪录，被日本媒体誉为"天才少女"；2015年获得国际乒联职业巡回赛女子单打冠军，并被国际乒联授予年度"最佳突破奖"。2018年伊藤美诚爆发出的能量和展现出的潜能更是让世界惊叹，同时也给中国队带来了空前的危机[1]。首先是在2018年6月的日本公开赛上，伊藤美诚击败了中国新生代主力队员陈幸同和王曼昱获得冠军，随后又在12月的瑞典公开赛中连续击败了老将刘诗雯、丁宁、朱雨玲三大主力再次登上冠军奖台。毫无疑问，伊藤美诚就是中国女乒东京奥运会夺冠的最大阻力和障碍，同时也是东京奥运会周期的头号劲敌（图7-2）。为此，本研究选取伊藤美诚战胜陈幸同、王曼昱、刘诗

---

[1] 如何看待瑞典公开赛伊藤美诚连续击败中国三大主力获得女单冠军？[EB/OL]. https：//www.zhihu.com/question/301262677/answer/527371316.html，2018–11–08.

雯、丁宁、朱雨玲等主力运动员夺冠的典型案例进行了全面的统计和分析研究，以期探究其技战术特征及制胜因素，试图为我国女子乒乓球队蝉联奥运会冠军提供有益参考。

图7-2　日本优秀女子乒乓球运动员伊藤美诚

一、研究对象与方法

（一）研究对象

日本优秀女子乒乓球运动员伊藤美诚的技战术特征及制胜因素。

（二）研究方法

1. 文献资料法

通过中国知网、万方数据库、西北民族大学图书馆等途径，以"伊藤美诚""三段统计法""制胜因素"及"技战术"为关键词，查阅体育类核心期刊论文50余篇，阅读有关乒乓球技战术研究的书籍10余本，并对收集到的文献资料进行归纳与整理，为本文提供理论依据。

2. 录像观察法

通过乒乓网、中国网络电视台下载，并反复观看了2018年国际乒联职业巡回赛伊藤美诚战胜陈幸同、王曼昱、刘诗雯、丁宁、朱雨玲五位中国主力运动员的比赛技术录像（表7-8）。

表7-8　伊藤美诚比赛录像统计内容及相关信息

序号	时间	赛事名称	对阵选手	比分
1	2018年6月	国际乒联职业巡回赛 日本公开赛半决赛	伊藤美诚 vs 陈幸同	4：3
2	2018年6月	国际乒联职业巡回赛 日本公开赛决赛	伊藤美诚 vs 王曼昱	4：2
3	2018年11月	国际乒联职业巡回赛 瑞典公开赛1/4决赛	伊藤美诚 vs 刘诗雯	4：3
4	2018年11月	国际乒联职业巡回赛 瑞典公开赛半决赛	伊藤美诚 vs 丁　宁	4：2
5	2018年11月	国际乒联职业巡回赛 瑞典公开赛决赛	伊藤美诚 vs 朱雨玲	4：0

3. 数理统计法

采用三段统计法将伊藤美诚比赛中的发球抢攻段、接发球抢攻段和相持段进行得失分的统计，并对所得数据加以归纳和整理。

得分率=段得分/（段得分+段失分）×100%。

使用率=（段得分+段失分）/（全局得分+全局失分）×100%。

4. 乒乓球技战术三段指标评估法[1]

采用目前乒乓球技战术研究领域应用最为广泛的三段指标法，将所得数据

---

[1] 吴焕群，李振标，陶志翔，等.乒乓球比赛中实力评估与技术诊断的方法及其应用效果.乒乓长盛的训练学探索［R］.北京：北京体育大学出版社，2004：207-218。

与模式值评估指标进行科学的比较和定量分析，模式值评估指标为：

发抢段：得分率60%~70%（及格60%，良好65%，优秀70%）；使用率25%~30%。

接抢段：得分率30%~50%（及格30%，良好40%，优秀50%）；使用率15%~25%。

相持段：得分率45%~55%（及格45%，良好50%，优秀55%）；使用率45%~55%。

二、伊藤美诚的技战术特征分析

（一）发抢段

发球抢攻是乒乓球运动员利用发球力争主动、先发制人的一项战术，也是比赛的重要得分手段和技术环节[1]。从表7-9可以看出，伊藤美诚在发抢段的使用率不是很高，平均值为29.0%，但得分率却相对较高，达到了59.0%，评估为良好。伊藤美诚的发球抢攻主要是通过发球的变化给第三板创造抢攻机会，正反手均可上手，且极具搏杀性质。但面对不同类型的选手，伊藤美诚的发球抢攻无论是使用率还是得分率都有所不同。其中在对阵刘诗雯和朱雨玲的比赛中，其发抢使用率和得分率都相对较高；而在对阵丁宁和王曼昱的比赛中，其发抢使用率和得分率都相对较低。主要原因在于刘诗雯和朱雨玲以速度见长，接发球出手快、球在空中的性状也是"快"字当头，正好适合伊藤美诚的发抢节奏。相比较而言，丁宁和王曼昱出手慢、摩擦充分、球在空中的性状以"转"字为先，在一定程度上破坏了伊藤美诚的发抢节奏。

表7-9 发球抢攻段技战术统计

对阵选手	得分	失分	使用率（%）	得分率（%）	评估
陈幸同	24	13	28.0	64.9	良好
王曼昱	15	16	26.7	48.4	及格
刘诗雯	27	13	30.3	67.5	良好

[1] 吴焕群，张晓蓬等. 中国乒乓球竞技制胜规律的科学研究与创新研实践 [M]. 北京：人民体育出版社，2009：33-38.

（续表）

对阵选手	得分	失分	使用率（%）	得分率（%）	评估
丁　宁	15	16	28.2	48.4	及格
朱雨玲	13	13	31.8	65.0	良好
平均值	13	13	29.0	59.0	良好

发球抢攻战术成功实施的关键就在于发球，而发球又是不受对方制约的一项技术，具有很强的主动性，完全可以根据自己的战术意图变化落点，将发球抢攻战术发挥到极致[1]。伊藤美诚的发球很有特点，多以勾手发球为主、动作隐蔽、旋转性强，落点以反手短球为主、配合反手长球和中路短球，中路长球和正手长球相对较少。发短球有利于控制对方抢先上手，配合长球则有利于牵制对方，使对方的注意力不仅仅只停留在短球上。根据中国运动员的不同打法特点（图7-3），伊藤美诚在比赛中会选择不同的发球落点为自己创造抢攻机会。在与刘诗雯、朱雨玲、陈幸同等移动速度快、出手快、还原快的选手比赛时，伊藤美诚的发球落点主要集中在反手位短球和中路短球上，其目的是控制和防止对方有效上手并为自己的第三板进攻创造机会。在与丁宁、王曼昱等移动速度慢、出手慢、还原慢的选手比赛时，伊藤美诚发球落点最明显的一个变化就是正手位短球大幅增加（表7-10），主要目的就是用正手短球来调动丁宁和王曼昱，继而创造良好的抢攻条件或形成主动进攻的相持局面。

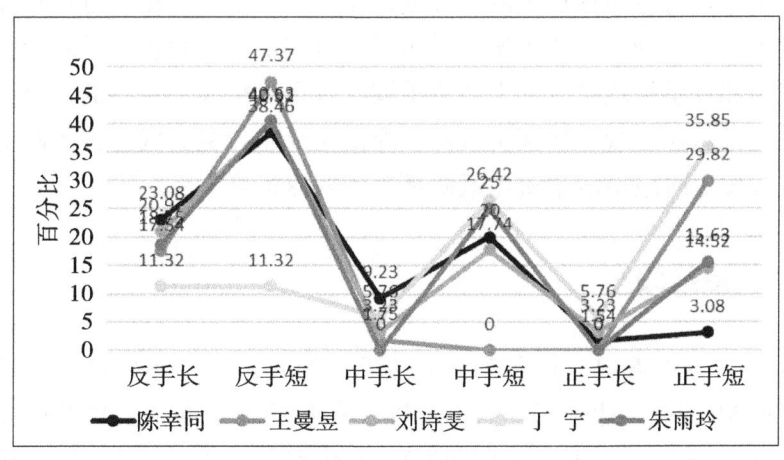

图7-3　发球落点分布

---

[1] 兰彤. 第12届全运会乒乓球男子单打决赛解析及技、战术前沿动态研究［J］. 中国体育科技，2014，50（5）：57-61.

表7-10 伊藤美诚第三板抢攻方式统计

对阵选手	接发次数	摆短		劈长		反手拉		正手拉		反手弹击		正手挑	
		N	%	N	%	N	%	N	%	N	%	N	%
陈幸同	52	4	7.7	4	7.7	11	21.1	17	32.7	16	30.8	0	0
王曼昱	41	12	29.3	4	9.8	2	4.9	6	14.6	15	36.6	2	4.9
刘诗雯	51	3	5.9	4	7.8	20	39.2	9	17.7	15	29.4	0	0
丁宁	40	3	7.5	2	5	14	35	14	35	7	17.5	0	0
朱雨玲	25	0	0	1	4	13	52	4	16	6	24	1	4
平均值	41.8	8.8	10.1	3	6.9	12	30.5	10	23.2	11.8	27.7	0.6	1.8

在发抢过程中，伊藤美诚正、反手均可发起进攻，且出手凶狠极具搏杀性质。从上手方式看，伊藤美诚正、反手使用比例明显不同，反手抢攻的使用比例高达58.2%，接近2/3，而正手抢攻的使用比例仅占25%，不到1/3，反手抢攻的频率明显高于正手。伊藤美诚反手最明显的一个特点就是使用了生胶，而生胶与普通反贴胶皮相比，弹性和出球速度明显加快，且击出去的球略带下沉[1]。目前，世界超一流女子乒乓球运动员使用生胶的人数极少，故而大多数运动员对生胶都不太适应，基于这一原因造就了伊藤美诚打法的"独特优势"。凭借这一优势，在发抢段伊藤美诚频频使用反手发起进攻并屡屡得手。伊藤美诚的反手进攻方式主要有两种，一种是反手拉，另一种是反手弹。反手拉主要用于抢攻对方搓接过来的下旋球，而反手弹击主要用于抢攻对方拨或者拧拉接过来的上旋球。伊藤美诚出手凶狠，再加上大多数运动员对生胶性能不太适应，因此反手抢攻是其最大的杀手锏，也是发抢段最主要的得分手段。通过观察比赛录像还发现，伊藤美诚反手弹击比反手拉更具威胁，因此中国运动员在处理接发球时应该尽量避免低质量的接发球抢先上手。

（二）接抢段

从表7-11可以看出，伊藤美诚的接发球抢攻不仅使用率高，而且得分率也高，场均55.2%，达到了优秀的标准。在乒乓球比赛中，接发球方一般都是通过摆短、劈长、撇等方式控制发球方的有效进攻，同时为第4板的防守

---

[1] 朱惠平."轻体育"背景下乒乓球运动"软式化"研究［J］.南京体育学院学报：自然版，2015，14（2）：67-70.

反击或抢攻创造机会，从场面上看接发球方更被动一些[1]。在发球抢攻环节争取多得分，接发球抢攻环节尽量少失分，这一点早已成为乒乓球运动员的共识[2]。随着乒乓球体的进一步增大，反手拧拉技术的发展和日趋完善，接发球抢攻的难度相对降低，接抢的方式也更为灵活和丰富，但接发球抢攻的被动局面依然没有得到根本性扭转。然而，伊藤美诚充分利用生胶摩擦系数小、不容易吃旋转的特性，采用拨、拉、弹、"侧划"（非常规技术）等具有一定威胁的接发球手法，首先破坏对方的发抢战术，紧接着使用正手"拍"、反手加力弹等极具杀伤力的进攻方式发起反攻，在一定程度上化被动为主动。尤其在与朱雨玲的比赛中，伊藤美诚的接发球抢攻积极、快速、凶狠、准确，得分率高达69.6%，咄咄逼人的接抢气势使得朱雨玲的发抢优势荡然无存。

表7-11　接发球抢攻段技战术统计

对阵选手	得分	失分	使用率（%）	得分率（%）	评估
陈幸同	25	17	31.8	59.5	优秀
王曼昱	22	20	36.2	52.4	优秀
刘诗雯	24	30	40.9	44.4	良好
丁宁	21	22	39.1	48.8	良好
朱雨玲	16	7	36.5	69.6	优秀
平均值	22.6	19.8	39	55.2	优秀

伊藤美诚的接发球手法灵活多样，技术娴熟、敢于发力，且善于使用非常规的"侧划"技术（表7-12）。当对方发近网短球时，伊藤美诚主要采用摆短的方式控制对方抢攻。当对方发出台长球时，伊藤美诚主要采用反手拉和弹击的方式抢先上手，根据对方来球的旋转不同，下旋球多以拉为主，上旋球则多以弹击为主，回球力量大、速度快、落点变化多[3]。在面对正手位半出台球时，伊藤美诚有时还会采用"侧划"这一非常规技术，"侧划"可以顺时针"划"也可以逆时针"划"，根据不同旋转性质的来球，避开来球旋转最强

[1]王锥鑫.2016年里约奥运会乒乓球男单冠军马龙技战术分析［J］.成都体育学院学报，2017，43（6）：85-91.

[2]张瑛秋.现代乒乓球训练方法［M］.北京：北京体育大学出版社，2008：26-28.

[3]尹华跟.对日本乒坛新秀伊藤美诚主要技术指标统计分析与研究［J］.南京体育学院学报，2017，16（1）：89-94.

区域，在球体的中下部逆着旋转侧向"划"动，生胶"侧划"过去的球弧线带有一定的侧拐、球体发飘且旋转性质不太明朗，对方发过来的球越转，"侧划"过去的球也就越拐越飘，"侧划"已经成为其标志性的接发球手法。总体看来，伊藤美诚的接发球以反手为主、正手为辅，其反手生胶对近网短球和半出台球的处理非常娴熟且极具威胁，在对中路和反手底线长球的处理上略显不足，从丁宁与伊藤美诚的比赛中就可见一斑。

表7-12 伊藤美诚接发球方式统计

对阵选手	接发次数	摆短		劈长		反手拉		正手拉		反手弹		正手挑		侧划	
		N	%	N	%	N	%	N	%	N	%	N	%	N	%
陈幸同	67	17	25.4	13	19.4	12	17.9	7	10.5	6	9	0	0	12	17.9
王曼昱	56	16	28.6	7	12.5	7	12.5	6	11.7	11	19.5	5	8.9	4	7.1
刘诗雯	62	12	19.4	7	11.3	12	19.4	11	17.7	14	22.6	2	3.2	4	6.5
丁 宁	53	7	13.2	1	1.9	13	24.5	16	30.2	13	24.5	1	1.9	2	3.8
朱雨玲	32	5	15.6	3	9.4	5	15.6	4	12.5	13	40.4	0	0	2	6.3
平均值	54	11.4	20.4	6.2	10.9	10	18	8.8	16.3	11.4	23.3	1.6	2.8	4.8	8.3

（三）相持段

相持段是展现乒乓球运动员综合技战术能力的重要阶段[1]，也是决定比赛胜负的关键阶段，尤其对于以回合见长的女子运动员而言相持能力的高低对比赛胜负更是起着至关重要的作用。从表7-13的统计结果可以看出，伊藤美诚在与中国运动员的比赛中，相持段的使用率不仅低，而且得分率也不高，场均50.1%，刚到良好标准。伊藤美诚在相持段表现出来的这一技战术特征与世界优秀女子乒乓球运动员的打法特点并不相符，一般而言世界一流女子乒乓球运动员的得分主要集中在相持环节，可见伊藤美诚的比赛重心完全前移，前四板是其争夺的主要焦点。在比赛中，如何有效抑制伊藤美诚的发球抢攻和接发球抢攻是中国女乒制胜的关键。另外，伊藤美诚相持段使用率低、得

---

[1] 张锴. 中国优秀女子乒乓球运动员发球轮接发球轮技战术特征对比分析 [D]. 北京：北京体育大学，2012：20-26.

分率不高说明其相持实力不足，相持是其薄弱环节。特别是在与刘诗雯和陈幸同的比赛中，伊藤美诚的相持得分率低至39.5%和34.7%，相持问题暴露无遗。伊藤美诚在相持段得分率低的一个重要原因就是拼得太凶、搏得太狠，强相持、强转换、板板发力。强相持是一把双刃剑，命中率高能有效压制对手的进攻，命中率低则失分更快，很明显伊藤美诚的强相持属于后者——命中率并不高。

表7-13　相持段技战术统计

对阵选手	得分	失分	使用率（%）	得分率（%）	评估
陈幸同	17	32	37.1	34.7	不及格
王曼昱	19	20	33.6	48.7	及格
刘诗雯	15	23	28.8	39.5	不及格
丁　宁	19	17	32.7	52.8	良好
朱雨玲	15	5	31.8	75	优秀
平均值	17	19.4	32.8	50.1	良好

三、伊藤美诚的制胜因素分析

（一）速度"快"

速度"快"是伊藤美诚制胜的主要法宝，其速度优势主要体现在两个方面：一是移动速度，二是出手速度。伊藤美诚身高1.50米，明显偏低，看似护台面积小、移动速度慢。其实不然，乒乓球的移动往往都是短距离的起动、制动及变换方向，运动员需要在短时间内迅速改变身体运动的空间位置，而不是长时间大距离的同向位移[1]。有研究成果表明，身高对运动员的方向转换速度有潜在的影响[2]，一般认为身高越高改变移动方向的速度越慢，而身高越

---

[1] 李智伟，陈志军，周烈铭. 乒乓球运动员体能特征分析及训练对策研究［J］. 四川体育科学，2006，（2）：76-77.

[2] 张剑，刘莹，李凯. 灵敏性的影响因素和评价方法研究［J］. 搏击·体育论坛，2010，2（11）：1-4.

低改变移动方向的速度越快[1]。伊藤美诚利用身材的"先天"优势，在比赛中明显提高了起动、制动及变换方向的速度，步伐轻盈、灵活。

伊藤美诚站位靠近球台，在来球上升期或高点期击球，极大地缩短了回球的时间，出手速度快。在比赛中，伊藤美诚无论是处于主动进攻还是被动防守的态势，始终都在积极拼抢前点，极少退台与对手周旋，从站位和击球时机为快速出手赢得时间。在击球时，伊藤美诚的正手以撞击为主，反手则充分利用生胶的特点弹击，正反手均尽可能减少球在拍上的停留时间，提高出手速度。总之，伊藤美诚总是在想方设法地加快进攻速度和节奏，速度快已成为伊藤美诚比赛中的首要制胜因素。

（二）搏杀"凶"

搏杀"凶"是伊藤美诚制胜的重要技战术手段。从发球抢攻到接发球抢攻，从主动相持到被动相持，伊藤美诚的凶狠贯穿在每一个阶段的每一分球上。"强上手、强相持、强转换"是其搏杀凶狠的主要特征，"出手果断、敢于发力、发得出力"是其善于搏杀的技术支撑。伊藤美诚的凶狠是通过长期训练所形成的一种技术风格，并非只是针对中国运动员所实施的一种搏杀战术[2]。凶狠的搏杀对运动员（对手）竞技能力系统状态的稳定性影响极大，所谓稳定性是指系统的结构、状态、行为的恒定态[3]，是运动员竞技能力系统的重要特性，同时也是运动员竞技能力稳定发挥的重要保障。运动员竞技能力系统的稳定性倘若被打破，其竞技能力系统状态就会波动，从而导致运动员在比赛中出现"克拉克"或"choking"（比赛失常）现象[4]，陈幸同被伊藤美诚大比分逆转就是最典型的例证。从比赛录像不难发现，陈幸同前三局发挥稳定、比赛流畅，以3∶0的绝对优势领先，第四局比赛开局和中局陈幸同依然

[1] 赵西堂，李晓琨，葛春林.运动灵敏素质影响因素研究进展[J].体育学刊，2014，21（4）：118-124.

[2] 朱惠平.日本优秀女子乒乓球运动员平野美宇的打法特点及制胜规律研究[J].中国学校体育，2018，5（2）：53-57.

[3] 毕思文.数字人体连续动态系统的稳定性[J].中国医学影像技术，2003，19（4）：390-393.

[4] 仇乃民，李少丹.复杂性思维视域中的运动训练科学科学研究：反思与重构[J].天津体育学院学报，2013，28（6）：513-518.

延续了前三局的状态9：4继续保持领先，然而进入尾局伊藤美诚完全放手进一步加强搏杀之后，陈幸同竞技能力系统状态的稳定性被彻底打破了，随之而来的就是"choking"的出现，最后的结果是连输四局。针对伊藤美诚凶狠的搏杀，中国运动员要想保持良好的状态，就必须提高竞技能力系统状态的稳定性，而要提高竞技能力系统状态的稳定性，就需要改变竞技状态的相关变量，即通过各种各样的手段改变运动竞技能力系统的状态变量（生理、心理、技战术等），从而达到提高运动员竞技能力系统状态稳定性这一目标[1]。

（三）生胶"怪"

生胶"怪"是伊藤美诚制胜的鲜明技术特征。自20世纪90年代末，以"凶怪"风格为主的颗粒胶打法运动员邓亚萍退役后，从王楠、张怡宁、李晓霞到丁宁、刘诗雯、朱雨玲，再到女乒新生代主力陈梦、陈幸同、王曼昱等几乎都是清一色的双面反胶快攻结合弧圈打法。国内乃至世界范围内也鲜有优秀的颗粒胶打法出现，颗粒胶几乎被打入了冷宫。在过去的20年间，中国女子双面反胶快弧打法盛极一时，称雄于世界乒坛，引领着世界女子乒乓球的发展方向，很少有颗粒胶能够对其构成威胁。而伊藤美诚的出现，使得颗粒胶打法重新回到了我们的视野。为何伊藤美诚的生胶能如此地让中国运动员不适应，其原因主要有两点：一是在赛璐珞乒乓球时代，弧圈球速度快、旋转强，生胶打法很难守住近台、顶在前点，形成速度上的压制。改为新材料乒乓球后，弧圈球的速度和旋转均有所下降，生胶不再惧怕弧圈，完全可以利用自己擅长的近台打法压制弧圈球的进攻。生胶一旦守住近台，就会获得速度上的优势，这就给两面反胶快弧打法带来了极大的冲击。二是生胶制造的速度和旋转与反胶明显不同，这种差异不仅体现在每秒的米数和转数上，还表现在反弹的性能、空中运行和落台后的碰撞上[2]。所有这些球性的新异刺激，都会给中国运动员造成较大的不适应。对于伊藤美诚生胶的异军突起，中国女乒除了研究其打法，还要着重培养本土的超一流生胶选手，来适应伊藤美诚的"怪"，这是破解伊藤美诚打法的重中之重。

[1] 仇乃民.系统观：运动员竞技能力状态的新视角 [J].北京体育大学学报，2014，37（10）：136—140.

[2] 吴焕群，张晓蓬，等.中国乒乓球竞技制胜规律的科学研究与创新研究 [M].人民体育出版社，2009：42.

（四）心理"稳"

稳定的心理素质是伊藤美诚制胜的有力保障。心理素质是以生理素质为基础，在实践活动中通过主体与客体的相互作用而逐步发展和形成的心理潜能、能量、特点、品质与行为的综合，是影响运动员在比赛中能否正常发挥技术水平，决定竞赛胜负的关键因素。众所众知，乒乓球运动员在赛场上除了技术的较量，更多的是在比拼心理。竞技水平旗鼓相当，比赛进入胶着阶段，往往看的都是心理素质。即便竞技水平略逊一筹，在恰当的时机通过战术变化再结合心理较量也能取胜。伊藤美诚打球冷静，少年老成[1]，在比赛中展现出来的另一强大实力就是心理素质稳定。前日本队教练高岛规郎坦言，伊藤的优势不仅是技术水平出众，心理素质也比一般运动员强大，即便是以0∶10落后，也能带着积极的情绪集中注意打好下一个球[2]。在与陈幸同、刘诗雯、丁宁的比赛中，伊藤美诚都是在大比分落后的情况下实现的逆转，充分印证了高岛规郎的说法。有研究表明，动机与运动成绩的关系呈现倒U型，即在比赛条件相同的情况下，人处于较低动机水平时，所取得的比赛成绩较低；处于中等动机水平时，所取得的比赛成绩最好；处于较高动机水平时，所取得的比赛成绩却开始下降[3]。同时，还研究发现运动任务（项目）对动机唤醒水平与运动成绩有着重要作用。奥克斯汀（Oxenddine）总结它们之间的关系认为：①高动机唤醒水平对速度、力量和耐力性运动项目取得佳绩具有明显的促进作用；②高动机唤醒水平对动作技能复杂、肌肉活动精细、协调性和稳定性要求较高的技巧性项目取得佳绩会产生干扰[4]。因此，以速度、力量和耐力为主导的体能类项目，应该保持较高的唤醒水平参加比赛，以协调、稳定、肌肉活动精细为主导的乒乓球、羽毛球等项目，应该保持较低的唤醒水平参加比赛[5]。

［1］孔令辉评日女乒主力球员 赞14岁小将少年老成［EB/OL］. http：//sports. 163. com /16/0224/21/ BGKCH8EV00051CAQ. html.

［2］伊藤美诚强势崛起欲成大魔王 技术出众或得益于器材改变.［EB/OL］. https：//www. sohu. com/ a/301683340_114731. html，2019-03-16.

［3］许国志. 系统科学［M］. 上海：上海科技教育出版社，2000：29.

［4］张力为，毛志雄. 运动心理学［M］. 上海：华东师范大学出版社，2003：71-72，75.

［5］仇乃民，李少丹. 竞技能力系统的非线性演化：内涵、形式与特征［J］. 北京体育大学学报，2016，39（1）：137-144.

乒乓球是中国的国球，几十年长盛不衰、星光灿烂，在任何比赛中我们都习惯于勇争第一，即便是获得第二名的好成绩也认为是一种失败，因此中国运动员都是在一种较高水平的动机唤醒状态下"负重"参加比赛，尤其在"外战"中技能水平的发挥更是大打折扣。与之相反，伊藤美诚既无冠军光环又无冠军任务，正所谓"光脚不怕穿鞋的"，心理上的优势有助于其稳定甚至超水平的发挥。

四、小结

第一，从技战术特征看，伊藤美诚以勾手发球为主、动作隐蔽、旋转性强，落点以反手短球为主、配合反手长球和中路短球，正反手均可上手且极具搏杀性。伊藤美诚充分利用生胶摩擦系数小、不容易吃旋转的特性，采用拨、拉、弹、"侧划"等具有一定威胁的接发球手法，首先破坏对方的发抢战术，紧接着用正手"拍"、反手加力弹等极具杀伤力的进攻方式发起反攻。伊藤美诚攻防转换中过渡性球少，主要是通过发力技术的运用从被动变主动，实现强转换、强相持，但板板发力导致无谓失误明显增多。总体看来，伊藤美诚的比赛重心前移，前四板是其争夺的主要焦点，尤其是接抢段得分最多、最具优势，相比较而言其相持实力比较薄弱。

第二，从制胜因素看，速度"快"是伊藤美诚制胜的主要法宝，其速度优势主要体现在两个方面：一是移动速度，二是出手速度。搏杀"凶"是伊藤美诚制胜的重要技战术手段，从发球抢攻到接发球抢攻，从主动相持到被动相持，其凶狠贯穿在每一个阶段的每一分球上。生胶"怪"是伊藤美诚制胜的鲜明技术特征，改为新材料乒乓球后，伊藤美诚守在近台、顶住前点，利用速度上的优势结合生胶击球后产生的下沉、飞行弧线等方面的差异明显提高了对方的回球难度。稳定的心理素质是伊藤美诚制胜的有力保障，伊藤美诚少年老成，不管是领先还是落后，始终不骄不躁、信念坚定、敢打敢拼，展现出了强大的心理素质。

第八章　新规则对优秀乒乓球运动员制胜规律的影响

第一节　无机胶水对世界乒乓球运动技术发展趋势的影响

有机胶水原名叫"有挥发物的溶剂胶水"，它的组成成分一般有三种，即橡胶、溶剂和少量的助剂。橡胶是无毒的，助剂由于使用得很少，大多无毒，对胶水毒性的影响很小，有机胶水的毒性主要是由溶剂产生的。起初在生产有机胶水的时候，为了使固体橡胶成分变成液体，生产厂商一般都要加入大量的有机溶剂，而溶剂内含有苯、甲苯、二甲苯、丙酮、二氯乙烷等有毒性、挥发性、能溶解黏合液体的有毒化学物质。生产厂商的初衷仅仅只是为了溶解橡胶而已，后来大家在使用时发现溶剂对胶皮、海绵具有增弹、增软的作用。当有机胶水涂到球拍上时，它会很快地渗透到球拍的海绵里使其充起气泡，能增加海绵的弹性，可将击球速度提高30%[1]。于是乒乓球运动员及业余爱好者逐渐形成了不顾溶剂的危害疯狂灌胶的习惯。资料显示，2005年波兰乒乓球名将格鲁巴患癌症去世，年仅47岁，人们怀疑他的早逝与过多频繁地使用有机胶水有关。2007年一名日本业余乒乓球运动员在粘球拍时被有机胶水熏倒在地。这些都说明了有机胶水的毒性之深、危害之大，为了保护运动员的健康，有机胶水的禁用势在必行。

国际乒联在2006年世乒赛团体赛期间做出决定，北京奥运会后的2008年9月1日起使用无机胶水，可以说这项决定将引发自2000年改用大球以来，乒坛的又一次巨变。与有机胶水相比，无机胶水大大降低了胶水的毒性，但使用无机胶水之后，球拍胶皮的弹性只有原先的60%，从而使得击球的速度明显比以

---

[1]陶晶.无机胶水让"国乒"很受伤[EB/OL].（2008-09-10）[2010-03-10]. http：//sports. sina. com. cn/o/2008-09-10/14373936227. shtml.

前慢，球的旋转也不如以前强烈[1]。无机胶水的出台究竟对世界乒乓球运动技术的发展起到了什么样的作用？在无机胶水的影响下，优秀运动员之间的角逐究竟发生了什么样的变化呢？对于这些问题的研究，目前还比较欠缺。鉴于此，本研究运用专家访谈法、文献资料法、录像观察法、三段指标法及数理统计法，对使用无机胶水后的14名世界优秀选手参加的28场151局比赛情况进行了统计分析，分析其每一分球从发球到发抢再到相持或从接发球到接抢再到相持的使用率及得分率，并将所得数据与各评估指标进行对比，以期发现无机胶水对世界乒乓球运动技术发展趋势的影响。

一、研究对象与方法

（一）研究对象

世界优秀男子乒乓球运动员14名，包括王皓、马龙、马琳、王励勤、陈玘、郝帅、波尔、萨姆索诺夫、吴尚垠、格林卡、梅兹、施拉格、奥恰诺夫、庄智渊。

（二）研究方法

1. 文献资料法

查阅了有关乒乓球定量研究、技术统计、实力评估等文献资料，为本研究提供理论依据。

2. 录像观察法和数理统计法

对以上14名运动员参加比赛的28场录像资料（录像资料全部取自使用无机胶水后的世界比赛，如2009年乒乓球世锦赛、2009年职业巡回赛等）进行了观察和整理，采用三段统计法将28场比赛按发球抢攻段、接发球抢攻段和相持段进行得失分的统计，并对所得数据加以整理归纳。

---

[1] 吴焕群，李振彪. 乒乓球运动员技术诊断方法的研究［J］. 乒乓世界，1990（2）：38-42.

得分率=段得分/（段得分+段失分）×100%

使用率=（段得分+段失分）/（全局得分+全局失分）×100%

3. 三段指标评估法[1]

本研究主要采用三段指标评估法，将所得数据与模式值评估指标进行比较。模式值评估指标如下：

发抢段：得分率60%～70%，使用率25%～30%。

接抢段：得分率 30%～50%，使用率15%～25%。

相持段：得分率45%～55%，使用率45%～55%。

二、无机胶水对世界优秀运动员三段使用率的影响

从三段指标评估标准可以看出，比赛中大约有一半的回合在相持段结束，这说明相持能力的高低在很大程度上左右比赛的胜负。其次，发抢段使用率占三段使用率的1/3，发球抢攻对比赛结果也有一定的影响。相比较而言，接抢段20%左右的平均使用率还不能像发抢段和相持段一样决定比赛的胜负。表8-1是使用无机胶水后14名世界优秀选手参加28场重大国际比赛的三段使用率统计情况。可以看出，使用无机胶水后，世界优秀男乒选手的三段使用率与以前相比有较大的不同，接抢段平均使用率从20%大幅上升到了31%，相持段使用率从45%～55%下降至44%，发抢段使用率则没有发生太大的变化。

表8-1　14名世界优秀男选手三段使用率及评估结果

选手	发抢段	评估	接抢段	评估	相持段	评估
王皓	28	较高	33	高	39	低
马龙	24	较低	32	高	44	低
马琳	22	较低	24	较高	54	较高
波尔	25	较高	25	高	50	较高
王励勤	24	较低	27	高	49	较低
萨姆索夫	31	高	33	高	36	低

［1］吴焕群，张晓蓬.乒乓长盛的训练学探索［M］.北京：北京体育大学出版社，2002：1-69.

（续表）

选手	发抢段	评估	接抢段	评估	相持段	评估
陈玘	20	较低	31	高	49	较低
郝帅	31	高	33	高	36	低
吴尚垠	31	高	37	高	32	低
格林卡	18	低	23	较高	59	高
梅兹	29	较高	32	高	39	低
施拉格	25	较高	35	高	40	低
奥恰洛夫	26	较高	37	高	37	低
庄智渊	21	较低	31	高	48	较高
平均值	25	较高	31	高	44	低

接抢段使用率大幅上升比较容易让人理解。由于使用无机胶水后，胶皮弹性降低、球速变慢、旋转减弱，运动员不容易发出与原来相同旋转和速度的球，发球质量相对下降；再加上是无遮挡发球，使得接发球员比较容易判断球的旋转和落点，可以更多的在第2板直接发起进攻以争取主动或直接得分，所以导致该结果的出现。

相持段使用率下降却出乎许多人的意料。造成这一现象的原因是接抢段使用率大幅上升，而发抢段使用率却没有明显变化，从而导致相持段使用率的下降。但比赛进入相持后，球的回合比以前明显增多，双方对抗性增强，中远台连续对拉的场面增加，比赛更加精彩。通过对三段平均使用率的分析可以看出：使用无机胶水后，世界优秀男乒选手接抢段使用率大幅上升，接发球抢攻在比赛中的重要性明显提高，接抢能力的高低对比赛胜负已经产生了较大的影响。与此相反，相持段使用率下降，相持实力的高低对全局结果影响的比重略有下降。而发抢段使用率没有发生太大变化，发球抢攻的重要性一如既往。由此可见，使用无机胶水后，世界优秀选手的比赛重心已经向前四板转移，今后优秀运动员之间前四板的争夺将会更加激烈。吴焕群等[1]认为，在实行新规则后，"积极主动、快速多变、抢先发力、抢先变线、争时空、抢落点等基本指导思想和规律不会变"。本研究支持了这一观点。

---

[1] 吴焕群，张晓蓬.乒乓长盛的训练学探索［M］.北京：北京体育大学出版社，2002：1-69.

三、无机胶水对世界优秀运动员三段得分率的影响

前文对14名世界优秀选手的三段使用率进行了分析，下面讨论他们在各段的得分率。

从表8-2可以看出，发抢段仅有一半运动员评估结果达到优秀或者良好，14名世界优秀选手发抢段平均得分率为63%，低于三段评估标准2个百分点，发抢段得分率略有下降。其主要原因是使用无机胶水后发球效果不如从前，抢攻机会减少、难度增加。另外，胶皮弹性减弱、球速变慢，第3板球抢攻的威胁受到了较大的限制。

表8-2　14名世界优秀选手三段得分率及评估结果

选手	发抢段	评估	接抢段	评估	相持段	评估
王皓	69	良	44	良	50	良
马龙	76	优	39	及格	36	不及格
马琳	73	优	60	优	33	不及格
波尔	60	及格	52	优	30	不及格
王励勤	70	优	58	优	44	不及格
萨姆索夫	62	及格	54	优	27	不及格
陈玘	54	不及格	44	良	44	不及格
郝帅	61	及格	51	优	43	不及格
吴尚垠	62	及格	54	优	38	不及格
格林卡	67	良	43	良	39	不及格
梅兹	67	良	41	良	30	不及格
施拉格	52	不及格	46	良	42	不及格
奥恰洛夫	50	不及格	34	及格	34	不及格
庄智渊	65	良	42	良	38	不及格
平均值	63	及格	47	良	38	不及格

接抢段得分率评估结果最好，除个别情况外，大部分运动员评估结果都是优秀或者良好。接抢段平均得分率达到了47%，超出三段评估标准7个百分点。由于使用无机胶水后接发球难度进一步降低，为接发球轮得分创造了更好

的条件，接发球进攻的质量、变化都得到了相应的提高，接发球抢攻较之前更容易得分，因此接发段得分率大幅上升。从表中的数据还可以看出，接抢段得分率与发抢段得分率之间的差距正在逐步缩小，随着乒乓球运动的进一步发展这种差距会越来越小。

无机胶水对相持段得分率影响最大，世界优秀选手相持段平均得分率仅为38%，其中13名选手的相持段得分率评估结果不及格，1名良好，无1人达到优秀。这表明使用无机胶水后运动员前四板的较量更加激烈，第5板和第6板失分情况比较严重，从而造成相持段得分率明显下降。另一方面，多名世界顶尖球员相持段得分率评估结果不及格，这与他们在世界乒坛的排名不符，这个事实说明使用无机胶水后，三段法评估标准有必要进行重新修订，以跟上乒乓球运动发展的新需要。李今亮等在分析新规则对世界乒乓球运动技术发展趋势的影响时曾提出，三段评估法有必要进行修订[1]，笔者的结论也与他们不谋而合。

四、小结

第一，使用无机胶水后，世界优秀男乒选手接抢段使用率大幅上升，接发球抢攻在比赛中的重要性明显提高，接抢能力的高低对比赛胜负已经产生了较大的影响。与此相反，相持段使用率有所下降，相持实力的高低对全局结果影响的比重开始下滑。相比较而言，发抢段使用率没有发生太大变化，发球抢攻的重要性一如既往。由此可见，使用无机胶水后，世界优秀选手比赛重心已经向前四板转移，今后优秀运动员之间前四板的争夺将会更加激烈。

第二，使用无机胶水后，世界优秀选手相持段得分率大幅下降，但比赛进入相持后双方的回合比以前明显增加，双方对抗性增强，中远台连续对拉的场面增多，比赛更加精彩。此外，接抢段得分率与发抢段得分率之间的差距正在逐步缩小，随着乒乓球运动的进一步发展，这种差距会越来越小。

第三，使用无机胶水后，多名世界顶尖球员相持段得分率评估结果不及格，这与他们在世界乒坛的排名不符，表明使用无机胶水以后，三段法评估标准有必要进行重新修订，以跟上乒乓球运动发展的新需要。

[1] 李今亮，赵霞，章潮辉. 新规则对世界乒乓球运动技术发展趋势的影响 [J]. 北京体育大学学报，2005，28（10）：1414-1416.

第二节　新型塑料乒乓球对中国优秀男子运动员张继科技战术变化的影响

乒乓球运动起源于19世纪末的英格兰，最早的乒乓球是用软木瓶塞制作而成，球的弹跳没有规则，难以控制[1]。之后，人们用毛线将橡胶或软木实心球包裹起来，初期的乒乓"球"就这样诞生了。1890年左右，英格兰越野跑运动员James Gibb从美国带回了作为玩具的赛璐珞球，从此赛璐珞球逐步替代了软木球和橡胶球正式登上了乒乓球运动的历史舞台[2]。赛璐珞是英文"celluloid"的音译，是由低氮含量的硝化纤维、樟脑、染料、润滑剂等加工而成，能在水的沸点温度下模塑成型，被广泛应用于化工、航天、装饰、建材、玩具等多个领域，但有毒且容易燃烧[3]。因此，自2006年起，欧盟禁止使用赛璐珞制造各种玩具。

针对赛璐珞乒乓球的安全隐患，国际乒联在2011年5月通过了伦敦奥运会后全面禁用赛璐珞乒乓球的决议，随后在2013年5月巴黎世乒赛期间又通过决议：自2014年7月1日起，包括国际乒联公开赛及总决赛在内的重大国际比赛都要使用新型塑料乒乓球。新材料乒乓球采用了不易燃烧的塑料，降低安全隐患的同时又比较环保。2016年6月前，赛璐珞球和新型塑料球可以同时合法销售；从2016年7月1日起，国际乒联将不再认可赛璐珞乒乓球。届时，有着120多年历史的赛璐珞乒乓球将彻底退出历史舞台。

除了材质的不同，新型塑料乒乓球与旧球的最大区别就是球体直径的改变。赛璐珞乒乓球的直径标准为39.50～40.50mm，但实际生产的乒乓球为39.50mm左右[4]。国际乒联出台的新型塑料乒乓球技术检测标准（简称新T3）规定，新球的最小直径为40.00mm，最大直径不得超过40.60mm，且一律采用

［1］苏丕仁.现代乒乓球运动教学与训练［M］.北京：人民体育出版社，2003.

［2］张博，詹丽来.乒乓球旋转的技巧［M］.北京：人民体育出版社，2001.

［3］张明胤，徐金陆.非赛璐珞乒乓球技术发展和应用前景探析［J］.河北体育学院学报，2014，28（4）：60-64.

［4］成波锦.新型无缝塑料乒乓球的特征及对技、战术发展影响的初步研究［J］.中国体育科技，2014，50（5）：68-72.

"40+"的标注方法，与之前的"40"区分。这就意味着乒乓球由此进入了"40+"时代[1]。

　　乒乓球无论是材质还是尺寸的改变，都足以使其旋转、速度与弹性发生明显的变化。成波锦的研究表明，新塑料乒乓球的硬度和弹跳高度均略高于赛璐珞乒乓球，且弹跳落点和飞行弧线的稳定性和准确性优于赛璐珞乒乓球，但其速度和旋转都有所下降[2]。国家乒乓球女队主教练孔令辉认为，新球的使用导致上旋球和相持概率增大，对球员的力量要求更高，球员的体能消耗也会加大[3]。国际乒联采用新型塑料乒乓球取代赛璐珞球的这一举措，是继"小球变大球""11分制"和"无机胶水"之后的又一项重大变革。迄今已有不少学者就新材质球对乒乓球运动可能带来的影响进行了论述，但大多基于定性分析，定量研究仍然非常有限。鉴于此，本研究运用文献资料法、录像观察法、数理统计法及三段指标法，以中国优秀男子运动员张继科为例（图8-1），对其使用新型塑料乒乓球前后的比赛进行了对比分析，以期探寻在使用新型塑料乒乓球后中国优秀男子运动员技、战术的变化。

图8-1　我国优秀男子乒乓球运动员张继科

[1] 黄岩. 塑料乒乓球有什么不同［EB/OL］.（2014-10-21）［2015-02-25］. http://www. tianjinwe. com/rollnews/201410/t20141021_465200. html

[2] 成波锦. 新型无缝塑料乒乓球的特征及对技、战术发展影响的初步研究［J］. 中国体育科技，2014，50（5）：68-72.

[3] 王继晟. 百年赛璐珞球即将告别乒坛新材料乒乓球更耗体能［EB/OL］.（2013-12-20）［2015-02-25］. http://www. sports. sina. . com. cn/o/2013-12-20/09156944503. shtml.

一、研究对象与方法

（一）研究对象

我国优秀男子乒乓球运动员张继科。

（二）研究方法

1. 文献资料法

查阅了中国知网（CNKI）有关乒乓球定量研究的文献资料，为本文提供理论依据。

2. 录像观察法

选取张继科使用新型塑料乒乓球前后的两场国际比赛录像，对其技、战术应用情况进行观察和整理。其中使用新型塑料乒乓球前的比赛为2014年1月11日在阿联酋迪拜举行的"世界乒乓球巡回赛总决赛"男单1/4决赛，张继科对阵马龙；使用新球后的比赛为2014年10月26日在德国杜塞尔多夫举行的"世界杯"男单决赛，张继科对阵马龙。两场比赛对手相同，比赛时间接近，唯一的不同之处是比赛用球，这样有利于对张继科使用新型塑料乒乓球前后的技、战术变化进行客观而准确的比较。

3. 数理统计法

按照三段统计法，将比赛按发球抢攻段、接发球抢攻段和相持段进行得失分的统计，计算得分率和使用率：

得分率=段得分/（段得分+段失分）×100%

使用率=（段得分+段失分）/（全局得分+全局失分）×100%

4. 三段指标评估法[1]

本研究主要采用三段指标评估法，将所得数据与模式值评估指标比较，进

---

[1] 吴焕群，李振彪. 乒乓球运动员技术诊断方法的研究 [J]. 乒乓世界，1990（2）：38-42.

行定量分析。模式值评估指标如下。

发抢段：得分率60%～70%，使用率25%～30%。

接抢段：得分率30%～50%，使用率15%～25%。

相持段：得分率45%～55%，使用率45%～55%。

二、新型塑料乒乓球对张继科三段使用率的影响

从表8-3可见，在赛璐珞球时代，张继科接抢段使用率最高，其次是相持段，发抢段使用率最低。使用新球后，张继科三段使用率有了较大的不同，其中相持段使用率从34.3%上升到了41.9%，在三段中使用率最高；而接抢段使用率从39.5%下降到了33.5%，位居第二；发抢段使用率变化不大，仅下降了1.5%。总体看来，使用新型塑料乒乓球后张继科发抢段和接抢段使用率都有不同程度的下降，而相持段使用率有较大幅度的提升，表明使用新球后张继科的比赛重心已经向后转移，今后在相持段的争夺将会更加激烈。

表8-3　张继科使用新型塑料乒乓球前后三段使用率统计表

比赛用球	发抢段%	评估	接抢段%	评估	相持段%	评估
赛璐珞球	26.1	较高	39.5	高	34.3	低
新型塑料球	24.6	低	33.5	高	41.9	低

使用新型塑料乒乓球后，引起三段使用率变化的主要原因在于新球的直径增大、球速变慢、旋转减弱，张继科正反手冲抢的威胁都有所下降，一些本来在发抢段或接抢段能够结束的比赛被迫拖入相持段，其中接抢段出现的这种情况最多。众所周知，在接抢段张继科主要依靠反手侧拧技术实施接抢战术，其反手侧拧的特点是动作简洁、出手隐蔽、速度快、弧线低、落点极为刁钻，既能拧出上旋，也能拧出下旋，将反手侧拧技术发挥到了极致。在比赛中，张继科不仅使用侧拧技术接反手位近网短球，而且频繁使用该技术接中路偏正手近网短球，给对手造成巨大压力，将接发球由被动转为了主动，这是其克敌制胜的法宝。然而，使用新型塑料球后，张继科拧出的球速度变慢、旋转减弱，攻击力有所下降，导致部分在接抢段能够直接得分的球被迫转入了相持段，相持段的使用率上升，相持实力的高低对比赛结果的影响越来越大。与此同时，比赛进入相持段后回合明显增多，双方对抗性增强，中远台连续对拉的场面增

加，比赛更加精彩。

三、新型塑料乒乓球对张继科三段得分率的影响

从表8-4可以看到，在赛璐珞乒乓球时代，张继科发抢段和接抢段得分率都达到了优秀的标准，而相持段得分率不及格。这说明发球抢攻和接发球抢攻是张继科的优势，而相持则是其劣势。使用新球后，张继科三段得分率与之前明显不同，其中发抢段得分率由60%下降到了43.5%，下降幅度最大，发球抢攻的优势被明显削弱；接抢段得分率从51.8%提高到了59.7%，接发球抢攻的得分优势得到了进一步的扩大；相持段得分率从44.2%上升至46.5%，其评估结果变为及格，相持实力得到了一定程度的提高。

表8-4 张继科使用新型塑料乒乓球前后三段得分率统计表

比赛用球	发抢段%	评估	接抢段%	评估	相持段%	评估
赛璐珞球	60	优秀	51.8	优秀	44.2	不及格
新型塑料球	43.5	不及格	59.7	优秀	46.5	及格

使用新型塑料乒乓球后，发抢段得分率下降而接抢段得分率上升的主要原因也在于新球的直径增大、球速变慢、旋转减弱。张继科的逆向旋转发球技术很难发出与之前相同旋转和速度的球，发球质量相对下降[1]，使得接发球方比较容易判断球的旋转和落点，可以在第二板更好地控制张继科，甚至直接发起进攻以争取主动。比赛中，张继科依靠发球抢攻得分机会越来越少，而发球被攻的现象逐渐增多[2]。由此可见，发球抢攻的难度在今后的比赛中将会越来越大。然而新球的使用对比赛双方的影响是对等的，在降低张继科发球威胁的同时也影响着对手的发球质量。在接抢段，张继科对一些之前难以判断清楚的发球变得比较容易判断，一些之前能够判断清楚的发球变得更容易上手，接

[1] 朱惠平. 无机胶水对世界乒乓球运动技术发展趋势的影响 [J]. 杭州师范大学学报：自然科学版，2010，9（3）：237-240.

[2] 吴焕群，张晓蓬. 中国乒乓球竞技制胜规律的科学研究与创新实践 [M]. 北京：人民体育出版社，2009：258.

发球抢攻的难度相对变小，越来越多的球可以在第二板直接发起进攻以争取主动[1]，因此接抢段得分率有了较大幅度的提升。使用新型塑料乒乓球后，张继科的相持段得分率也有一定程度的上升，这主要得益于张继科得天独厚的力量优势。众所周知，张继科正反手击球力量大、旋转强烈，几乎每一板球都能够达到一招致命、一剑封喉的效果，被刘国梁喻为"藏獒"。使用新球后，球的直径增大、速度变慢、旋转减弱，力量较差的运动员进攻效果变差，很难给对手造成比较大的威胁，而张继科依然可以凭借其出色的身体素质发动犀利的进攻，因此相持段得分率有所上升，其评估结果也从不及格达到了及格。但张继科在相持中的稳定性依然不够，无谓失误过多，因此还需要进一步加强连续进攻尤其是正手连续进攻的稳定性。

四、使用新型塑料乒乓球后张继科技战术发展新动态

（一）第5板进攻逐渐成为发抢段的组成部分

20世纪80年代，吴焕群等将乒乓球比赛划分为发球抢攻段（第1板、第3板）、接发球抢攻段（第2板、第4板）和相持段（第5板以后）3个部分，并对每一阶段的使用率和得分率做出了相应的衡量标准，以此作为评价运动员在比赛中技、战术水平发挥的重要依据[2]。使用新型塑料乒乓球后，球的直径增大、速度变慢、旋转减弱，发球威胁和接发球抢攻难度的降低使得张继科很难轻易地通过第3板抢攻得分，通过第3板过渡和衔接为第5板创造有效得分机会已经成为张继科必须具备的战术体系[3]。可见，使用新球后张继科发抢段组成部分正在扩大，现在的发抢段应该是由第1板、第3板以及第5板构成。

［1］张晓蓬，吴焕群.40mm乒乓球对比赛状态的影响［J］.天津体育学院学报，2000，15（3）：65-66.

［2］吴焕群，李振彪.乒乓球运动员技术诊断方法的研究［J］.乒乓世界，1990（2）：38-42.

［3］兰彤.第12届全运会乒乓球男子单打决赛解析及技、战术前沿动态研究［J］.中国体育科技，2014，50（5）：57-61.

（二）第2板接发球环节彻底扭转了被动的局面

在乒乓球运动中，发球是比赛的开始，是唯一不受对方限制和约束的技术，发球方可以通过多变的发球直接得分或者为第3板抢攻创造机会；接发球方往往通过控制性接发球手法竭力控制发球方发起有效进攻，同时为下一板的反击创造条件。在比赛局面上接发球方一直处于被动，运动员一般都力争在发抢段多得分，在接抢段少失分。然而，张继科凭借其出色的反手侧拧技术一改传统的接发球方式，从根本上扭转了接发球环节的被动局面，使得比赛朝着均衡态势发展。此外，张继科反手侧拧接发球抢攻技术的应用，使得每一分球的争夺从接发球环节就已经开始，比赛随即进入了对攻状态，节奏明显加快。

五、小结

第一，使用新型塑料乒乓球后，张继科的发抢段和接抢段使用率有所下降，而相持段使用率大幅上升，表明比赛重心已经向后转移，今后在相持段的争夺将会更加激烈，相持实力的高低对比赛结果的影响越来越大。与此同时，比赛进入相持段后回合增多，双方对抗性增强，中远台连续对拉的场面增加，比赛更加精彩。

第二，使用新型塑料乒乓球后，张继科发抢段得分率大幅下降，而接抢段和相持段得分率都有不同程度的提高，表明使用新球后张继科的发球抢攻得分优势已被明显削弱，而接发球抢攻的优势得到了进一步扩大，得分将主要集中在接抢段和相持段。

第三，使用新型塑料乒乓球后，球体增大、速度变慢、旋转减弱，张继科的技、战术打法呈现出新的发展动态，第5板进攻逐渐成为发球抢攻段的组成部分，而第2板接发球环节彻底扭转了被动的局面。因此，有必要对现有的三段评估标准进行重新修订，以便于对乒乓球比赛做出更加科学合理的评价。

第三节　新规则下乒乓球运动员的核心力量训练

随着乒乓球规则的不断改变，力量训练受到了乒乓球领域前所未有的重视。然而在力量训练中，各级教练员和运动员将训练的重点主要放在了四肢上，忽视甚至放弃了核心部位肌肉力量的训练，且对核心力量认识的不足影响了乒乓球力量训练的质量和效果。为此，本研究从解剖学、生理学和运动训练学的角度出发，全方位阐明核心力量训练在乒乓球运动中的作用及意义，并结合乒乓球运动的特点，提出了核心力量训练的基本方法和训练原则，以期能为新规则下乒乓球运动员的力量训练提供参考性建议。

一、乒乓球运动员核心力量训练的缘由

进入21世纪以来，国际乒联大刀阔斧地对乒乓球运动规则进行了变革。首先自2000年10月1日起，把乒乓球的直径由38毫米扩大为40毫米。大球与小球相比，速度减慢4%，旋转减少13%，由于限制了速度与旋转的威胁，所以力量在大球时代所起的作用明显增加[1]。其次，自2008年9月1日起，球拍使用无机胶水，可以说这项决定引发了自2000年改用大球以来乒坛的又一次巨变。无机胶水虽然非常环保，有利于运动员的身体健康，但是海绵膨胀功能的下降使海棉胶皮弹性减小，击球的速度、力量及旋转都有所下降。有研究结果表明，使用无机胶水后，球拍胶皮的弹性只有原来的60%[2]。在乒乓球拍弹性大幅下降的情况下，运动员要想获得与原来相同的击球力量就必须加强力量训练。由此可见，随着乒乓球规则的不断改变，运动员的力量训练显得越来越重要。然而，在目前的力量训练中，各级教练员和运动员都将训练的重点主要放在了四肢上，忽视甚至放弃了核心部位肌肉力量的训练，对核心力量认识的不足影响了乒乓球力量训练的质量和效果，从而制约了我国乒乓球运动员竞技水平的进一步提高。

[1] 吴焕群，张晓蓬.乒乓长盛的训练学探索 [M].北京：北京体育大学出版社，2002：1–69.

[2] 陶晶.无机胶水让"国乒"很受伤 [EB/OL]. [2010–03–10]. http：//sports. sina. cn/o/2008–
09–10/14373936227. shtml.

本研究拟从解剖学、生理学和运动训练学的角度阐明核心力量训练在乒乓球运动中的作用及意义，并结合乒乓球运动的特点，提出核心力量训练的基本方法和原则，以期能够为新规则下的乒乓球力量训练提供有益参考。

二、核心力量的解剖学和生理学机制

在解剖学上，大部分学者将人体的核心部位定义在腰椎—骨盆—髋关节部位，认为核心部位的顶部为膈肌，底部为骨盆底肌和髋关节肌。也有一些学者认为，核心部位包括整个脊柱和胸廓，将人体的整个躯干看作核心区域。到目前为止，人们对核心部位的界定仍然存在着不小的争议，但两种不同的观点对核心位置的界定基本上都围绕在人体重心所在的腰椎、骨盆和髋关节联合的周围，所以根据这些部位的解剖结构特点及与乒乓球运动的关系，本研究将人体核心的解剖学位置界定在膈肌以下至骨盆底肌之间的区域，并将附着在腰椎、骨盆和髋关节等骨骼上的肌肉称为核心肌群。黎涌明等人对该区域的核心肌群进行了研究，结果发现该部位有起止点的肌肉为33（对）+1（块），其中有7（对）+1（块）的起止点在核心部位，其余大部分肌肉只有起点在核心部位（图8-2）[1]。

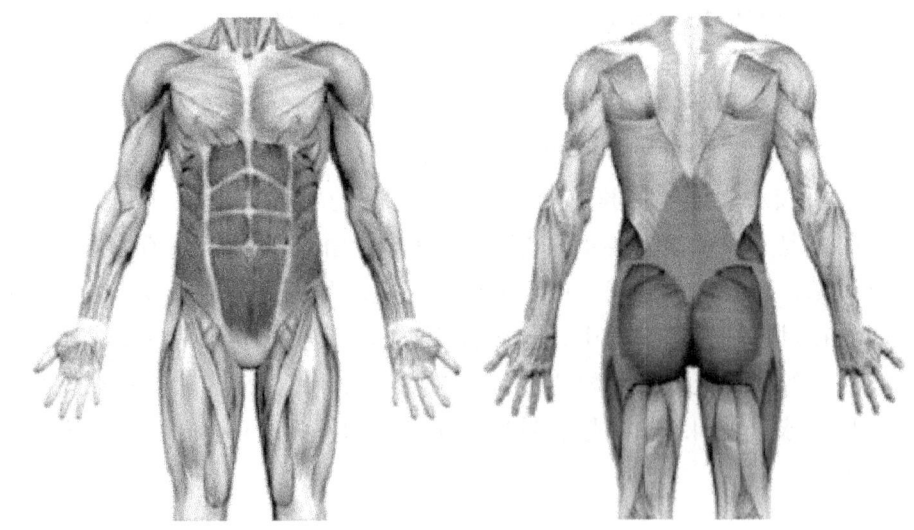

图8-2　核心肌群

［1］黎涌明，陈小平，资微，等.论核心力量及其在竞技体育中的训练——起源、问题、发展［J］.体育科学，2008（4）：19-29.

　　从核心肌群的分布特点分析（表8-5），它们分别从人体的矢状面、额状面和水平面三个维度的不同层面将腰椎、髋关节和骨盆进行包裹。Hodges等人的研究结果表明[1]，核心浅层肌群与核心深层肌群在运动中被激活的方式和收缩的形式明显不同，核心深层肌群与肢体运动方向无关，而浅层肌群与肢体及重心的运动方向一致。Faries等人对核心浅层肌群和深层肌群做了进一步的研究[2]，他们认为核心深层肌群和浅层肌群对核心部位有不同的作用，核心深层肌肉主要用于固定核心部位，而核心浅层肌肉除了固定核心部位以外还有支配核心部位运动的功能。目前国内外对核心力量还没有明确的定义。我国学者陈小平认为[3]，核心力量是一种以稳定人体的核心部位，控制重心运动，传递上下肢力量为主要目的的力量。

表8-5　核心区域的肌肉起止点分布及数量

肌群	肌肉起止点分布		
	起、止点在核心部位（7对+1块）	起点在核心部位（25对）	止点在核心部位（1对）
盆带肌（8对）		髂肌、腰大肌、梨状肌、臀大肌、臀中肌、臀小肌、闭孔内肌、闭孔外肌	
大腿肌（11对）		股直肌、缝匠肌、阔筋膜张肌、股二头肌（长头）、半腱肌、半膜肌、耻骨肌、长收肌、短收肌、大收肌、股薄肌	
背肌（9对）	回旋肌、多裂肌、棘间肌、横突间肌	背阔肌、下后锯肌、竖脊肌（棘肌、最长肌、髂肋肌）	
腹肌（5对）	腹内斜肌、腹横肌、腰方肌	腹直肌	腹外斜肌
膈肌（1块）	膈肌	背阔肌、下后锯肌、竖脊肌（棘肌、最长肌、髂肋肌）	

[1] HODGES P, CRESSWELL A, THORSTENSSON A. Preparatory trunk motion accompanies rapid upper limb movement [J]. Exp Brain Res, 1999（124）：69-79.

[2] FARIES M D, GREENWOOD M . Core training：stabilizing the confusion [J]. Strength and Conditioning J, 2007, 29（2）：10-25.

[3] 陈小平, 黎涌明.核心稳定力量的训练 [J].体育科学, 2007（9）：99.

三、乒乓球运动中核心力量训练的意义与作用

在乒乓球运动中，核心力量担负着稳定人体核心部位、控制重心运动、传导力量等作用，同时对上下肢体的协同工作及整合用力起着承上启下的枢纽作用。

（一）加强神经对肌肉的控制，提高乒乓球运动员击球的稳定性

乒乓球运动反应时间短，球的旋转变化多，运动员重心起伏不定，躯干始终处于一种稳定—不稳定—稳定的动态变化之中，如何在不稳定的条件下有效协调地发力击球，是乒乓球运动员取得良好击球效果的关键。有关研究表明，核心力量对完成一个乒乓球动作技术具有十分重要的支持作用，一个协调优美、发力流畅的乒乓球击球动作主要取决于参与运动肌肉之间的协作水平和对运动中身体重心的控制能力[1]。稳定的高质量击球动作不仅要求运动员具备良好的身体素质，更重要的是要拥有对球拍的控制能力。运动员躯干及身体重心的稳定是稳定击球的重中之重，而这种能力的形成和提高主要取决于核心力量的改善。有强大的核心力量作保证，躯干能够得到稳固的支持，运动员才能更好地控制身体姿势和动作姿势，肢体才能进行更加协调和精准的技术发挥。如果这些深层肌肉缺乏力量，那么身体的稳定性就会降低，从而导致乒乓球运动员击球稳定性的下降。

（二）提高能量输出，增强乒乓球运动员挥拍的力量

乒乓球运动员的挥拍是多关节和多块肌肉参与的全身运动，是一种典型的动量传递过程。在这个运动过程中，如何将不同关节的运动和多块肌肉的收缩整合起来，形成符合专项力学规律的肌肉"运动链"，为四肢末端发力创造理想的条件，是挥拍力量大小的关键。我们把参与完成动作的肢体看成一条"链"，参与动作完成的身体的每一个部分则是链上的一个环节，而技术动作的完成是依靠动量在各个环节间的传递实现的，由身体的近端向远端传

---

[1]李春雷，夏吉祥. 田径核心力量训练研究 [J]. 北京体育大学学报，2009（4）：108-112.

递，从而形成鞭打效果。Hodges等人运用肌电图像仪对人体在做全身运动时的上肢肌、下肢肌和核心肌肉进行了测试[1]，结果发现核心肌肉肌电早于上下肢肌肉，尤其是腹横肌的肌电明显早于三角肌和下肢主要肌肉。也就是说，在乒乓球运动员挥拍时，核心肌群的提前收缩使人体核心部位首先做好了准备，为四肢发力建立支点。此外，包括脊柱在内的核心部位是人体的薄弱环节，在运动时，尤其是在高强度的转腰发力挥拍时，机体首先会激活核心区域的肌肉加强对该薄弱环节的保护，同时还会根据核心力量的水平反射性地调节和控制四肢肌肉力量的动员和投入[2]。由此可见，在乒乓球运动员挥拍时，核心力量不仅提前收缩为四肢发力建立支点，而且核心力量的水平决定了四肢力量投入的程度，对乒乓球运动员挥拍力量的大小具有关键的决定性作用，在动量链的传递过程中发挥着"核心"作用。所以，加强核心力量训练使得动量链上的各个环节相互兼容，是从整体上提高乒乓球运动员挥拍力量的有效途径。

（三）降低能量消耗，提高乒乓球运动员的步法移动速度

乒乓球运动中，运动员欲在最佳的击球时间和最适宜的位置击球，则必须做到"每球必动"。随着乒乓球技术水平的不断提高，步法的重要性日益突出，及时准确地使用步法既是衔接各项技术动作的枢纽，又是执行各种战术的有力保证[3]。乒乓球运动员下肢快速有力的移动步法，看似是脚对地面的作用力，实际上是来自于腰髋肌群原动肌群的发力，并通过闭合式的动力链向下肢形成有效的动量传递。肌电研究表明，协调能力好、核心力量强的乒乓球运动员在步法移动过程中摆动腿骨后肌群放电量较少，而核心力量差的运动员腿部骨后肌群放电量增大[4]。通过肌电变化可以发现，核心力量好的运动员腿部肌肉可以在短暂的腾空过程中得到放松，为接下来的击球做好准备。这样不

［1］HODGES P W, RICHARDSON C A. Feedforward contraction of transverses abdominis is not influenced by the direction of arm movement［J］. Exp BrainRes, 1997（114）：362-370.

［2］黎涌明，陈小平，资微，等. 论核心力量及其在竞技体育中的训练——起源、问题、发展［J］. 体育科学，2008（4）：19-29.

［3］苏丕仁. 乒乓球运动教程［M］. 北京：高等教育出版社，2004：91-96.

［4］王卫星，李海肖. 竞技运动员的核心力量训练研究［J］. 北京体育大学学报，2007（8）：1119-1121.

仅减少了无谓的能量损耗，而且可以使肌肉在下一次收缩时能够充分发力，由此加大蹬地发力瞬间的功率，提高乒乓球运动员步法移动的速度。

（四）预防运动损伤

腰椎是人体极其重要的部位，同时腰椎也是人体骨骼结构中的一个薄弱环节，无论是腰椎本身还是其周围的肌肉、韧带和结缔组织，在坚固性和力量上都弱于四肢。因此，腰部容易发生多种运动损伤，如肌肉拉伤、韧带扭伤、腰部挫伤和椎间盘突出等。乒乓球运动员腰部损伤极为常见，几乎所有的乒乓球运动员都有不同程度的损伤，其中腰椎损伤会使乒乓球运动员过早地结束运动生涯。实践证明，一根铁链所能承受的最大拉力不是最强的一环，铁链在承受外界拉力时，最先断裂的是最薄弱的一环。这就不难理解乒乓球运动员为何经常发生腰部损伤了。乒乓球运动员腰损伤的部位往往在第3、4、5腰椎，这个部位附着的肌肉很少，根据运动链理论，下肢产生的巨大能量在挥拍的瞬间向上传递，而核心部位的肌肉功能不足使力量的传导受阻，大量的能量堆积在腰部较弱区域，这一部位运动链的断裂直接导致了运动员的腰伤。发达的核心肌肉犹如"护腰"使腰椎的外源稳定性增加，这能避免腰伤运动员因腰椎失稳而引发新的损伤[1]。总之，加强核心力量训练，提高核心稳定性，为上下肢力量的传递建立良好而稳固的支点，在一定程度上能够预防和减少乒乓球运动员腰部损伤的发生。

四、乒乓球运动员核心力量训练

核心力量训练是指针对身体核心肌群及其深层小肌肉进行的力量、稳定、平衡等能力的训练。核心力量训练是其他运动能力，诸如速度、灵敏、协调等素质训练的基础[2]。目前国内外的核心力量训练方法主要有平衡板训练、瑞士球训练、悬吊训练、绳索滑轮训练、滑板训练等。其原理就是在训

---

[1] 弗拉基米尔M，扎乔奥尔斯基. 运动生物力学——运动成绩的提高与运动损伤的预防 [M]. 北京：人民体育出版社，2003：1-56.

[2] IAN H. The Use of Unstable Training for Enhancing Sport Performance [J]. NSCA'S Performance Training Journal，2005，4（4）：15-17.

练时制造出一种非稳定的环境，使核心肌群能够在神经的调节下改变这种非稳定的状态[1]。核心力量训练是偏重于神经肌肉系统的训练，训练时要集中精力，慢慢地建立神经对肌肉的支配能力和对训练肌肉的自我感知能力。核心力量训练与传统力量训练的本质不同，是在核心力量训练中增加了一个"不稳定因素"，然而增加的这一不稳定因素不仅增加了力量训练的难度，而且为传统力量训练增添了鲜活的因素[2]。

（一）乒乓球运动员核心力量训练的难度分级

核心力量训练同样应该遵循由易到难的力量训练原则，由稳定环境下练习向不稳定环境下练习过渡，由静力性练习向动力性练习过渡，由徒手练习向抗阻力练习过渡。根据核心力量训练的原则，乒乓球核心力量训练可以分为6个难度等级：①稳定条件下的静力性练习；②稳定条件下的徒手练习；③非稳定条件下的静力性练习；④非稳定条件下的徒手练习；⑤非稳定条件下的抗阻力练习；⑥非稳定条件下的专项力量练习。在核心力量训练时，不论乒乓球运动员的水平高低都要遵循这6个难度等级，逐步深入。

从核心力量训练的难度分级可以看出，该力量训练的特点并不在于训练的高强度和快速度，而在于练习动作的规范性和准确性。运动员在做各种练习时一定要注意体会核心肌群的用力和对身体重心的控制能力，在多次反复地对核心肌肉的控制及对多块肌肉不同收缩力量的调节中渐渐体会神经对核心肌肉的支配能力，提高核心部位的稳定性及稳定与不稳定之间的快速变换。因此，高水平的核心力量训练主要体现在运动员对核心部位深入和细致的感知上，以及神经对核心部位肌肉准确的支配和控制上。

（二）乒乓球运动员核心力量训练的原则

第一，乒乓球运动员核心力量训练静力性练习要根据个人能力进行，每个

---

[1]李春雷，夏吉祥.田径核心力量训练研究［J］.北京体育大学学报，2009（4）：108-112.

[2]于红妍，王虎，冯春辉，等.核心力量训练与传统力量训练之间关系的理论思考［J］.天津体育学院学报，2008（9）：18-20.

练习动作保持30～60秒，动态动作次数和组数根据动作的难易程度而定，练习时间和间歇时间一般为1：2。

第二，核心力量训练不管是静力性练习还是动力性练习，一定要保证练习的动作质量，在确保练习动作准确到位的情况下进行练习。练习时一定要有耐心，因为核心力量训练比传统的四肢力量和躯干力量训练见效慢。

第三，核心力量训练的负荷主要以克服自身体重和较轻的负荷为主。其主要原因在于：首先，人体核心部位的骨骼、肌肉、韧带及周围的结缔组织都明显弱于四肢，核心部位是人体的一个薄弱环节，而主要参与维持核心部位稳定的深层肌肉更是一些小肌肉群，这些肌肉不可能承受大的负荷，所以核心力量训练应该以小负荷为主；其次，在非稳定环境下练习是核心力量训练的重要手段，对于运动员来说，克服非稳定条件本身强度就比较大，因此在这种条件下运动员的负荷不宜过大。

第四，在动态的核心力量训练时，其动作应该从缓慢的、准确的、能够控制的一维平面开始练习，在保证动作质量的前提下加快动作速度和动作维度。在练习的初期，教练员一定要尽可能多地向运动员反馈信息，确保练习动作的准确到位。在运动员熟练掌握了练习动作以后，运动员要尽量减少外部的反馈信息，增加内部反馈信息，依靠本体感受控制肌肉的紧张度，调节动作，逐渐体会神经支配肌肉的能力。

五、小结

第一，对于乒乓球运动员来说，核心力量训练的主要作用在于稳定核心部位，提高运动员身体的控制力和平衡能力；加强神经对肌肉的支配，提高技术动作的稳定性；减少能量消耗，提高工作效率；预防运动损伤。

第二，核心力量训练对全面均衡地发展乒乓球运动员的力量素质有着至关重要的作用，是运动员体能训练中不可或缺的一部分，也是提高运动员各项运动素质的重要前提，它作为一种有效的力量训练方式应该成为乒乓球运动员体能训练的重要组成部分。

第三，核心力量训练是近年来进入竞技体育领域的新鲜事物，它与传统力量训练有着本质的区别。核心力量在乒乓球运动领域中的应用不仅需要科学的引导，更需要各级教练员和运动员长时间的摸索和实践，如何采取科学、有效的训练方法与手段提高乒乓球运动员的核心力量，是值得我们深入探索和研究的新课题。

第四节　东京奥运会延期时局下我国乒乓球项目备战形势与策略探析

现代奥运会经过百年的传承与发展，已经成为世界上规模最大、影响力最广的综合性体育盛会，世界各国运动健儿以"更快""更高""更强"的特有文化魅力和人文精神切磋技能、交流文化、联结友谊。然而，就在世界各国运动员为2020年东京奥运会做最后冲刺的时候，新型冠状病毒肺炎疫情（以下简称"新冠疫情"）突然爆发，新冠疫情传播速度快、传染率高，对世界人民的生命安全和经济社会发展都造成了严重的影响，同时也给日本政府成功举办东京奥运会带来了威胁。为保障世界各国运动员的生命安全，国际奥委会、东京奥组委、日本政府于2020年3月30日正式宣布，东京奥运会将推迟至2021年7月23日—8月8日举办。随着东京奥运会的延期，各项目的备战周期也需要做出相应的调整与改变，这对于习惯于四年一个周期的运动员和教练员来说无疑都是一次巨大的挑战。

乒乓球是我国的传统优势夺金项目，连续多次获得奥运会冠军，但随着近年来比赛规则的不断改变、对手实力的不断加强，夺金难度也越来越大。目前，学术界对东京奥运周期乒乓球项目国外主要竞争对手技战术研究的文章较多，但对备战奥运的形势及策略研究相对较少，尤其是对新冠疫情影响下的乒乓球项目备战奥运会的相关研究就更少了。故本研究试图从东京奥运会"新"周期下我国乒乓球项目备战的现实状况入手，探讨新冠疫情影响下东京奥运会推迟举办给我国乒乓球项目带来的挑战与机遇。

一、新奥运周期下我国乒乓球项目备战之"危"

（一）新冠疫情下的"比赛荒"，造成实战信息缺失

随着竞技体育商业化的快速发展，近年来乒乓球赛事呈现出数量大幅增加的态势[1]。在这样的商业化环境下，乒乓球运动员每个月参加两场重大比赛

---

[1] 陈小平. "以赛带练"议［J］.体育科学，2006（5）：1-6.

已成为常态，这不仅对运动员的体能提出了更高的要求，对运动员长时间保持较高水平的竞技状态更是提出了挑战。根据运动员常年频繁参赛的特点，现代乒乓球运动训练体系中融入了大量的"比赛训练法"。所谓"比赛训练法"是指在近似、模拟或真实的比赛条件下，按比赛规则和方式进行训练的方法。常用的"比赛训练法"有"以赛带练""以赛代练""适应性比赛法"等，这些训练方法完全从实战出发，对运动员提升竞技水平、检验训练效果都是行之有效的手段[1]。其中，"以赛带练"和"以赛代练"主要是通过参加比赛达到训练的目的，而"适应性比赛法"主要是通过参加比赛达到试探对手、检验自己和适应比赛的目的。在参加世界杯、世锦赛和奥运会前"适应性比赛法"是最重要的"比赛训练法"，尤其是在国乒最为重视的奥运会前，运动员都会有针对性地参加一些重大比赛，在真实的比赛环境中与真正的对手进行较量，以便了解对手的技战术特点、检验训练效果，进而对训练计划进行调整，制定更加科学合理的训练方案[2]。然而，新冠疫情肆虐，国乒在2020年1月28日征战德国公开赛后就迎来了"比赛荒"（表8-6）。

表8-6　暂停赛事统计表

时间	赛事名称	地点
2月18日—23日	匈牙利公开赛（常规站）	布达佩斯
2月28日—3月1日	亚洲杯	待定
3月3日—8日	卡塔尔公开赛（白金站）	多哈
3月22日—29日	世界乒乓球团体锦标赛	韩国釜山
4月6日—12日	亚洲奥运会资格赛	待定
4月21日—26日	日本公开赛（白金站）	北九州
5月5日—10日	香港公开赛（常规站）	中国香港
5月12日—17日	中国公开赛（白金站）	中国深圳
5月28日—31日	世界单打资格赛	卡塔尔多哈
6月16日—21日	韩国公开赛（常规站）	待定
6月23日—28日	澳大利亚公开赛（白金站）	吉朗

[1]陶于，周兵."比赛训练法"与"以赛代练"的训练学阐释与思考［J］.山东体育学院学报，2007（3）：85-88.

[2]张震.试析篮球运动中"以赛带练""以赛代练"与"比赛训练法"的关系［J］.科学之友，2011（6）：131-132.

（二）主要竞争对手竞技实力提升，夺金压力增大

现阶段，虽然世界乒乓球运动的格局是"亚洲为重心，东亚为轴心，中国为核心"[1]，中国乒乓球队长盛不衰、星光灿烂，长期包揽世界杯、世锦赛和奥运会等一系列世界大赛的各项冠军，更是东京奥运会金牌最有力的争夺者，但随着主要竞争对手竞技实力的提升，东京奥运会的夺金压力陡增。为准确判断东京奥运会主要竞争对手的竞技实力，我们统计了近五年世界杯的比赛成绩。

从表8-7可以看出，在男子团体比赛项目上，日本、韩国实力强劲，在世界杯团体赛中能够经常杀入前三名，并与中国队抗衡。尤其是日本队的新星张本智和，在最新的运动员积分排名中迅速上升为第4位，战胜过张继科、马龙、樊振东等国乒主力队员，实力不容小觑。相比较而言，老牌劲旅德国队近年来团体实力明显下降，主要原因是队伍处在新老更替阶段，除了波尔和奥恰洛夫两位老将，年轻选手难以堪当大用。在女子团体项目比赛上，前三名的争夺主要集中在中国、日本、朝鲜、新加坡和中国香港队之间。其中，日本队的表现最为抢眼，伊藤美诚、平野美宇、长崎美柚、早田希娜等一大批优秀运动员正在迅速崛起，整体实力非常强劲。尤其是小将伊藤美诚的战绩最为突出，陈梦击败过现役所有的国乒主力，目前世界排名第二，是女乒的头号对手。

表8-7　近五届乒乓球世界杯团体赛成绩

	时间	届数	冠军	亚军	季军
	2019年	第12届	中国	韩国	—
	2018年	第11届	中国	日本	英格兰/韩国
男子	2015年	第10届	中国	奥地利	中国台湾/葡萄牙
	2013年	第9届	中国	中国台湾	日本/埃及
	2011年	第8届	中国	韩国	德国/日本

---

[1] 冯洁，母顺碧. "养狼计划"对世界乒乓球运动发展的影响 [J]. 体育文化导刊，2014（12）：71-74.

（续表）

	时间	届数	冠军	亚军	季军
女子	2019年	第12届	中国	日本	—
	2018年	第11届	中国	日本	中国香港/朝鲜
	2015年	第10届	中国	朝鲜	新加坡/日本
	2013年	第9届	中国	日本	新加坡/中国香港
	2011年	第8届	中国	日本	新加坡/中国香港

从表8-8可以看出，在男子单打比赛项目上，德国的波尔和奥恰诺夫、日本的张本智和、中国台湾的林昀儒实力强劲，尤其是德国老将波尔和奥恰洛夫大赛经验丰富、心理素质稳定，近5年连续两次闯入世界杯男子单打前三。当然，日本小将张本智和与中国台湾年轻选手林昀儒的实力也不俗，少年成名、技术先进、冲击力强，都是国乒单打比赛中强有力的竞争对手。在女子单打比赛项目上，日本的石川佳纯和平野美宇、新加坡的冯天薇、中国台湾的郑怡静表现都十分出色，频频闯入世界杯前三，其中平野美宇还摘得了2016年世界杯女子单打的桂冠。虽然近5年伊藤美诚在世界杯单打比赛中颗粒无收，但其单打实力和上升势头却排在国乒主要竞争对手的第一位，是国乒单打比赛夺冠路上最大的拦路虎。

表8-8　近五届乒乓球世界杯单打成绩

	时间	届数	冠军	亚军	季军
男子	2019年	第40届	樊振东（中国）	张本智和（日本）	林昀儒（中国台湾）
	2018年	第39届	樊振东（中国）	波 尔（德国）	林高远（中国）
	2017年	第38届	奥恰洛夫（德国）	波 尔（德国）	马 龙（中国）
	2016年	第37届	樊振东（中国）	许 昕（中国）	黄镇廷（中国香港）
	2015年	第36届	马 龙（中国）	樊振东（中国）	奥恰洛夫（德国）
女子	2019年	第23届	刘诗雯（中国）	朱雨玲（中国）	冯天薇（新加坡）
	2018年	第22届	丁 宁（中国）	朱雨玲（中国）	郑怡静（中国台湾）
	2017年	第21届	朱雨玲（中国）	刘诗雯（中国）	郑怡静（中国台湾）
	2016年	第20届	平野美宇（日本）	郑怡静（中国台湾）	冯天薇（新加坡）
	2015年	第19届	刘诗雯（中国）	石川佳纯（日本）	索尔佳（德国）

由此可见，无论是男子比赛项目还是女子比赛项目，无论是团体比赛还是单项比赛，现在的日本队已经给国乒东京奥运会夺冠带来了严峻的挑战。日本

乒乓球队的快速崛起与日本政府2020年举办奥运会密不可分，作为东道主为了在东京奥运会取得良好的成绩，日本政府制定了"2020年奥运会运动员成才强化计划""铃木计划"等一系列奥运夺冠计划[1]，并在重点夺金项目上给予了大量的资金支持和政策扶持。为了在乒乓球项目上有更大的突破，日本政府更是不惜成本专门研制了高科技的机器人运动员，模仿国乒主力队员的球速、旋转和落点等[2]。还需要进一步明确指出的是，东京奥运会日本运动员是在本土作战，具有主场优势[3]。综上，国乒在东京奥运会夺冠的压力比以往任何时候都要大。

（三）东京奥运会提出新赛制，给备战带来新挑战

乒乓球运动虽然有着100多年的发展历史，并设有男子团体、女子团体、男子单打、女子单打、男子双打、女子双打、混合双打7个项目，但进入奥运会的时间并不长，所有乒乓球项目也并没有全部被列为奥运会正式比赛项目。纵观乒乓球运动30多年的奥运发展之路，充满了曲折与坎坷。起源于19世纪末的乒乓球运动到了20世纪末的第24届汉城奥运会才被正式列为比赛项目，且只设有男子单打、女子单打、男子双打、女子双打四个项目，乒乓球运动中分量最重的男子团体和女子团体直到2008年北京奥运会才被正式列为比赛项目，但男子双打和女子双打却遗憾地退出了奥运会[4]。也就是说，从2008年开始乒乓球的奥运会项目将由男子团体、女子团体、男子单打、女子单打这四个项目构成。

随着乒乓球运动在全球的影响力逐渐扩大，国际奥委会决定从东京奥运会开始增设混合双打，以丰富乒乓球运动的奥运会比赛项目（图8-3）。至此，乒乓球运动的奥运会项目从4个上升为5个，混合双打正式进入奥运大家庭。在东京奥运会上，首次亮相奥运赛场的混合双打被设置为乒乓球项目上产生的第一枚金牌，混合双打金牌虽然不是奥运会乒乓球比赛中分量最重的金牌，但

［1］姜熙. 日本"铃木计划"研究及其对中国竞技体育发展的启示［J］. 中国体育科技，2019，55（9）：108-115.

［2］韩重阳. 2020年东京奥运会日本提升竞技实力措施与启示［A］. 中国体育科学学会. 第十一届全国体育科学大会论文摘要汇编［C］. 中国体育科学学会，2019：3.

［3］李荣芝，柳桥康司，张娣，等. 基于"断代工程"的日本乒乓球青少年人才强化培养研究［J］. 体育科学，2019，39（12）：86-93.

［4］马燕凤. 对乒乓球团体赛制的演变研究［D］. 武汉：武汉体育学院，2013.

显然已经成为东京奥运赛场乒乓球项目中关注度最高、竞争最为激烈的项目。双打历来是日本队的优势项目，因此自从东京奥运会增加了混合双打之后，东道主日本队就将混合双打比赛的目标锁定为金牌，再加上每个国家限报一对混双，日本的混合双打冲金希望极大。在混合双打方面，我国的许昕/刘诗雯组合配合默契，在2019年国际乒联总决赛上获得冠军后就赢得了东京奥运会混合双打的参赛资格，但对于这两位老将来说，能否保持良好的竞技状态、摆脱伤病困扰是获得东京奥运会混合双打冠军的关键。

图8-3　东京奥运会乒乓球混双决赛

许昕/刘诗雯（中国）vs水谷隼/伊藤美诚（日本）

　　东京奥运会的乒乓球比赛不仅增设了混合双打，而且对团体赛也进行了改制[1]。从表8-9可以看出，东京奥运会乒乓球团体赛最大的变化有两点：一是将原本第3场的双打提前到了第1场，这个变动对于团体赛来说影响巨大。最主要的原因在于双打比赛胜负的偶然性很大，将双打比赛置于第一场，毫无疑问地增加了整个团体比赛的不确定性因素；二是新赛制中运动员的出场顺序是赛前根据主队或客队的中签情况一次固定下来的，不得进行更换。而旧赛制中的第3场双打的出场运动员是由教练员在第2场比赛结束后临时决定的，教练员可以根据前两场运动员的临场表现、心理状态、竞技水平发挥等因素来抉择谁更

---

［1］张瑛秋，周星栋，金烨，等. 东京奥运会乒乓球团体赛制改革背景下中国队夺金策略——基于团体新赛制及其排阵策略的视角［J］.北京体育大学学报，2019，42（12）：44-52.

适合双打，但新赛制下教练员只能根据主客队的中签情况来排兵布阵，比赛中任何队员出现任何状况都不能进行调整，这样的博弈更像是一场豪赌，教练员必须在赛前做好周密的安排和部署，才能在团体赛的排兵布阵上赢得先机。

表8-9　奥运会团体赛新旧赛制变化

场次	奥运旧赛制	东奥新赛制
	主队 vs 客队	主队 vs 客队
第一场	A vs X	BC vs YZ
第二场	B vs Y	A vs X
第三场	AC或BC vs XZ或YZ	C vs Z
第四场	B或A vs Z	A vs Y
第五场	C vs Y或X	B vs X

（四）国乒新老队员交替，比赛不确定因素增加

目前，国乒正处于新老交替的关键时期。其中核心层的领军人物马龙、许昕、丁宁、刘诗雯等老将虽然都获得过奥运冠军的殊荣、拥有丰富的大赛经验，但都年龄偏大、受伤病困扰，处于职业生涯的衰退期，尤其是马龙、丁宁、刘诗雯都因伤病缺席了不少比赛；中坚力量樊振东、林高远、陈梦、孙颖莎、王曼昱等年轻队员虽然正是当打之年，处于职业生涯和竞技水平的巅峰期，比赛表现抢眼、世界排名靠前，完全具备参加东京奥运会的实力，但大赛经验略显不足，尤其是奥运经验缺乏，极易在奥运赛场的巨大压力之下发生滑铁卢事件。

从历届奥运会单打冠军年龄来看（图8-4），男子的平均夺冠年龄是24.25岁，女子的平均夺冠年龄是22.75岁，所以樊振东、林高远、陈梦、孙颖莎、王曼昱等年轻运动员最有希望冲击奥运会冠军。但从历届奥运会单打冠军年龄的动态走向看，无论是男单冠军还是女单冠军，夺冠年龄总体呈缓慢增长的趋势，上一届巴西里约热内卢奥运会的男单冠军年龄达到了28岁、女单冠军年龄达到了26岁。由此可见，1997年出生的樊振东、2000年出生的孙颖莎、1999年出生的王曼昱还略显年轻，难以完全挑起奥运夺冠的大梁。

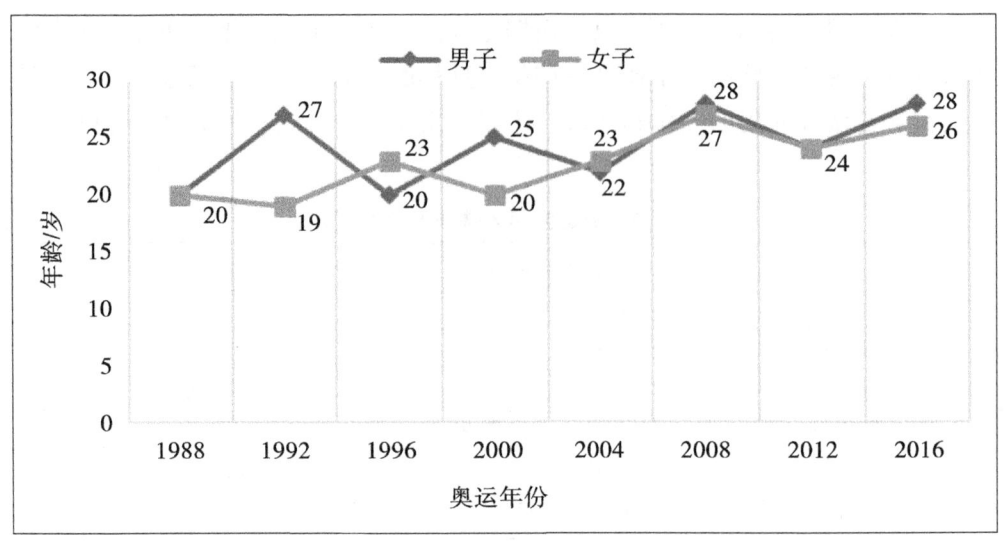

图8-4　历届奥运会单打冠军年龄折线图

　　因此，到底该如何选派参加东京奥运会的运动员成了摆在国乒面前的一道难题，如果选择经验丰富的老将就要时刻关注其身体机能、体能、伤病等问题，做好在东京奥运会中因高强度比赛而可能出现突发状况的心理准备；若要选择年轻小将，就要做好因其大赛经验不足导致竞技水平发挥不稳定的心理准备。所以，国乒新老队员交替，导致东京奥运会乒乓球比赛的不确定因素增加。

二、新奥运周期下我国乒乓球项目备战之"机"

（一）充分发挥举国体制优势，铸牢自身实力

　　举国体制集中多方力量、合理配置资源、整合培养模式，为我国乒乓球队保持长盛不衰做出了巨大贡献[1]。新冠疫情期间，要充分发挥举国体制优势，从经费、训练环境等诸多方面全力保障国乒的备战训练。首先，给予乒乓球训练团队充足的专项资金支持。奥运周期的延长增加了训练成本，运动队的

---

［1］丁玲玲. 对我国乒乓球举国体制培养模式的探讨［J］. 南京体育学院学报：自然科学版，2010，9（4）：85-87

各项生活物质、训练器材都需要资金保障，特别是疫情期间用于保障运动员身体健康的防护设备又增加了备战支出，因此要给予训练团队充足的专项资金支持，以保障国乒的正常训练。

其次，创造国内一流训练环境。国乒在2020年1月份结束德国公开赛后，因疫情的原因选择在多哈进行了一个多月的集训，虽然卡塔尔乒协为国乒提供了训练场所，但训练场地数量不足、饮食不习惯等问题对训练还是有一定影响。随着国内疫情逐渐稳定，国乒先后在澳门、海南、成都等地都进行过封闭训练。与国外环境相比，国内的训练条件、吃住行等各方面都有很大改善，更有利于队员们调整状态。除此之外，教练员、科研工作者、医疗团队的所有工作都要围绕训练展开。教练员要根据队员实际情况制定有效的训练方案，扎实推进训练工作。科研工作者要做好训练动态监控与评估工作，为教练员和运动员提供理论支持[1]。医疗团队要根据不同运动员的不同情况制定系统的恢复、治疗方案，以保证运动员有充沛的体能和健康的身体机能投入训练[2]。

最后，创新科技助力体系。当今世界的竞技体育角逐不仅比拼的是人力、物力和财力，更重要的是比拼科技实力，先进的科学技术能够使训练活动更加系统化、科学化，不断向人体运动的极限逼近[3]。为保障乒乓球训练的科学性，国乒科研团队研发了一套"乒乓军师"专项技战术视频分析系统[4]，该系统能够通过自动截取视频而采集数据，为准确进行乒乓球技战术分析工作提供了有利保障。肖丹丹等人还提出了"双打技战术八轮次三段法的构建与应用"[5]，这不仅为东京奥运会双打项目的研究奠定了基础，也为研发有关双打的统计分析软件提供了理论参考。

[1]彭婧娜，蔡艺，于文谦."东奥增金"对竞技乒乓球运动的影响及应对策略研究[J].湖北体育科技，2018，37（10）：914-917.

[2]刘文昊，冯鑫，胡海旭.东京奥运会延期下世界竞技体育强国的应变举措及对我国奥运备战的启示[J].西安体育学院学报，2020，37（6）：641-647.

[3]张雷，陈小平，冯连世.科技助力：新时代引领我国竞技体育高质量发展的主要驱动力[J].中国体育科技，2020，56（1）：3-11.

[4]肖丹丹，刘帅，刘国正，等."乒乓军师"专项技战术视频分析系统的研发[J].中国体育科技，2019，55（4）：63-70.

[5]肖丹丹，钱磊，张兴林.乒乓球双打技战术八轮次三段法的构建与应用[J].北京体育大学学报，2019，42（12）：53-60.

（二）赢得时间红利，充分备战

近年来，国内外各项乒乓球赛事举办密集，运动员疲于高强度的比赛而缺乏系统训练，这对于运动员体能的储备、技能的精进、竞技状态的保持都有较大的影响。东京奥运会延期使得备战周期变成了"4+1"的模式，国乒可以充分利用时间红利进行系统的封闭训练，精雕细琢各项技术、储备体能。当然对于老队员来说，东京奥运会延期为他们争取到了治疗伤病、恢复体能和调整状态的宝贵时间，这就意味着老将迎来了重返奥运赛场的机会。比如，女队老将刘诗雯2019年因伤病多次缺席各大赛事，2020年带伤复出参加了德国公开赛，但因竞技状态不佳止步半决赛[1]，东京奥运会延期为刘诗雯治疗伤病、恢复状态赢得了时间，也为其重返奥运舞台创造了机会。男队老将马龙也一直饱受膝伤的困扰，但其始终坚持训练和比赛，在2020年世界杯男子单打比赛中获得亚军、国际乒联总决赛中获得冠军，同时也成为国际乒联总决赛男子单打"六冠王"。马龙凭借丰富的大赛经验和精湛的技战术水平证明了自己的实力，也为其参加奥运会，创造奥运奇迹赢得了可能。

在东京奥运会延期的一年里，运动员不仅要面对日复一日的枯燥训练，而且还要面对常态化的疫情防控生活，运动员的心理状态难免出现波动，此时教练员团队如何规划、组织实施训练，刺激运动员的参赛动机，使运动员全身心地投入到奥运备战中至关重要。为了调动运动员训练的积极性，同时也为了检验训练效果、打破疫情期间无实战的窘境，中国乒协于2020年8月8日—21日在海南陵水举办了中国乒乓球队东京奥运会模拟赛，比赛完全复制东京奥运会赛程，按照"进入东京时间、打造东京场地、设立东京标准、使用东京赛制、模拟东京对手、提供东京保障"的要求[2]，先后进行混双、女单、男单、女团、男团5个项目的角逐，单打种子选手也是按照最新的世界排名进行抽签的，这样的奥运模拟赛在以往的备战中史无前例。东京奥运会延期使得备战周期变成了"4+1"的模式，这既是挑战又是机遇，如何利用奥运延期的红利时间，是现阶段摆在国乒面前的一个重要问题。

---

[1] 黄启元. 国乒四员老将前途未卜，30岁刘诗雯还能身兼三项？［EB/OL］.（2020-03-26）
　　［2020-05-24］. http：//sports. 163. com/20/0326/15/F8LF420005 8782. html.

[2] 钟文. 聚焦重点做好奥运备战［EB/OL］.（2018-11-12）［2020-05-24］. http：//sport. people.
　　com. cn/big5/n1/2018/1112/c22172-30395598. html.

三、新奥运周期下我国乒乓球项目备战策略

（一）全力保障运动员生命安全，稳定心态

目前，国际疫情防控情况不容乐观，外防输入压力巨大，运动员被感染的风险依然存在。为了保证运动员生命安全，顺利参加奥运会，一定要提高全队防护意识，配备齐全的医疗检测设备和防护用品，定期检查运动员身体健康状况。同时，全队要制定严格的管理规定，集训期间运动员的外出要严格报备，不在感染风险高的地区活动。严把所需食品关，明晰食品来源，对食品质量进行严格检测，保证运动员的饮食安全。运动员参加国外比赛要严格做好防护措施，出现不良身体状况要及时检查或隔离。

疫情期间，运动员因活动空间受到限制，再加之封闭集训备战强度大，容易出现焦虑、压抑、紧张等心理问题，年龄大的运动员还会出现求胜欲降低、心气不足等现象[1]。因此，根据备战的准备、提高、冲刺等不同阶段，教练员团队应准确把握运动员的心理动向，及时进行谈心谈话和疏导，并通过创新训练方式方法、灵活安排训练内容等手段，充分调动运动员参加训练的积极性，使运动员全身心的投入到训练中。

（二）完善科学训练体系，新周期制订新计划

东京奥运会延期1年，使得原本以4年为周期的训练规律遭到破坏，按原定计划2020年6月参赛运动员应该达到了最佳竞技状态，但现在必须及时作出调整，制订新的训练计划，以保证运动员在2021年6月以最好的体能、技能、战术能力、心理状态参加东京奥运会[2]。在各大赛事停办期间，可以根据训练需要组织比赛，制定特殊比赛规则，提高运动员的实战能力。与此同时，要密切关注2021年国际赛事重启的消息，根据赛事级别有选择、有侧重地参加，尽可能多地参加级别高的世界大赛，有利于获得积分，保护世界排名，这样才能

[1]余福海.新冠肺炎疫情背景下东京奥运会备战的现实困境及其规制探究［J］.沈阳体育学院学报，2020，39（5）：17-23.

[2]岳文，巴宁.东京奥运会延期的影响及对策研究［J］.南京体育学院学报，2020，19（7）：5-9.

在奥运会的抽签中获得有利位置[1]。参赛期间要有目的地选择参赛队员，让有奥运任务的主力队员多参赛，熟悉对手，查漏补缺，尽可能地发现问题、解决问题。也可给有竞争力的小将更多的参赛机会，让其多磨炼，这样才能加速成长，壮大队伍整体实力。

（三）着力研究新赛制，周密排兵布阵

东京奥运会的团体赛将双打置于第一场，且每位队员都有可能承担双打任务，这给教练员的排兵布阵带来了困难。国乒在双打方面历来重视程度不高，曾多次负于日本队。为保证团体赛中双打项目这至关重要的一分，国乒应认真研究和总结双打制胜规律，高度重视双打训练，配对不同打法、不同特点的运动员，为团体赛中的排兵布阵提供更多的配对选择。更重要的是着力研究主客场的利弊因素，研究队内主力选手在不同情况下的出场顺序，排列所有可能出现的任何情况，分析各种组合利弊，以便形成备选方案。

此外，东京奥运会上"鹰眼"视频回放技术的使用将成为乒乓球项目的新亮点，这是"鹰眼"首次进入奥运会赛场，运用乒乓球轨迹追踪、VR动画、多摄像机捕捉慢镜头回放等技术帮助裁判员公平判罚，最主要的任务是监控运动员发球的合法性、擦网、擦边等肉眼不能准确判别的环节[2]。在比赛中，运动员可以通过提出挑战回放来再次确认判罚，一场比赛有两次挑战机会，在挑战失败的情况下减少一次使用次数，如果成功则不减少次数。运动员在什么情况下提出挑战、如何用好两次挑战等都将成为控制比赛节奏、调节心理的重要问题。

（四）培养优秀后备人才，组建胜利之师

就目前我国乒乓球队梯队建设情况来说，男队和女队都处于新老队员交替的重要阶段，老队员面临伤病、体能和竞技水平下降等问题。中生代队员处于职业生涯上升期，冲击力强、世界排名靠前，但还不能完全统领全队。年轻小

［1］兰彤，刘托. 东京奥运会延期背景下国乒备战策略研究［J］. 沈阳体育学院学报，2020，39
（5）：9-16.

［2］赵文刚. 对乒乓球赛场引入"鹰眼"技术的分析与思考［J］. 四川体育科学，2015，34（2）：
79-82.

将表现抢眼，但竞技稳定性和大赛经验还需不断完善提高。所以，要在重大比赛中给中生代球员勇挑重任的机会，要给小将参加大赛的机会，尽快让中生代球员平稳接替老将的核心位置，让年轻小队员快速成长。与此同时，还要定期进行队内循环、地表12强等比赛，精准定位运动员的水平位置[1]。

为了培养优秀后备人才，不断壮大乒乓球队伍，中国乒协在2020年底组建了国家青少年集训队和国家少儿集训队，并制定了合理的选拔办法，分别由11~14岁、7~10岁的男女各32名队员组成，由各省、自治区、直辖市面向社会公开选拔，入选的队员有机会参加同年龄段的国际赛事，这一举措最大限度激发了国球活力，为国家乒乓球队输送优秀后备人才奠定了良好基础，有利于国家队梯队建设[2]。

四、小结

新冠疫情给奥林匹克事业带来了严峻的考验，使得东京奥运会延期一年举办，打乱了运动员的训练计划。与此同时，国际赛事停办，竞争对手实力增强及赛制变化等不利因素给国乒备战东京奥运会都造成了不小的困难。但有挑战就有机遇，国乒应充分利用延期一年的时间红利，发挥举国体制的优势，建立建全训练团队。在保证运动员身体健康、生命安全的前提下及时调整训练计划，关注老将的伤病恢复情况及小将的上升势头，研究奥运新赛制及各项目制胜规律，组建最优参赛阵容，使国球梦之队再创佳绩、续写辉煌。

[1] 周星栋，肖丹丹，张瑛秋.乒乓球后备人才培养中的学训矛盾及对策研究［J］.体育文化导刊，2018（5）：62–67.

[2] 牟春蕾，肖丹丹，吴飞，等.我国竞技乒乓球后备人才梯队建设与培养路径的优势分析［J］.北京体育大学学报，2014，37（12）：133–139.

第九章　乒乓球运动的
多元化发展趋势

第一节　"轻体育"背景下乒乓球运动"软式化"发展

"轻体育"也称"轻松体育"或"快乐体育"，这是一种不拘形式、不重视输赢，只追求在愉快的运动中有利于身心健康的体育运动[1]。其精髓在于一静不如一动，生命在于轻松而愉悦地运动[2]。人们在整个运动过程中，不必为体育上的无知而感到羞愧，也不必为动作技能的笨拙而感到沮丧。同时"轻体育"可以使锻炼者抛弃杂念，忘记烦恼，不仅有利于健身，而且有利于陶冶情操、消除不良情绪。现代社会生活节奏快、工作压力大，"轻体育"的运动特点正好适合现代人对体育的需求，在健身的同时休闲娱乐，缓解生活和工作的压力，达到彻底放松身心的目的。所以，"轻体育"已被越来越多的人认可和接受，成为新时代全民健身的新理念[3]。

与"轻体育"相比，竞技运动的特点是高难度、大负荷、竞争激烈等，普通人直接参加竞技体育项目很难达到增进健康、提高生活质量的目的，有些竞技体育项目普通人甚至无法直接参与。为了让竞技体育项目更加贴近广大群众的社会生活，更好地在大众健身领域发挥作用，一场竞技体育项目"软式化"悄然拉开了帷幕。所谓"软式化"是指竞技体育项目通过改造，实现运动负荷的轻松化、难度负荷的简单化、运动形式的娱乐化、运动环境的卫生化、运动方式的文明化和运动行为的加强化，适当降低竞争性，提高趣味性和娱乐性，

---

[1] 杨文轩，陈琦. 体育原理 [M]. 北京：高等教育出版社，2004：114.

[2] 郭继敏. 论全民健身的新理念——轻体育 [J]. 体育文化导刊，2003（5）：37.

[3] 冯庆梅，王其琪. 论"轻体育"的特点及其未来发展趋势 [J]. 山西师大体育学院学报，2005（12）：27–28.

在竞技体育项目的基础上派生或分化出适合普通群众直接参与的"轻体育"项目[1]。目前，篮球、排球、足球、网球、高尔夫球等竞技体育项目通过改造已经软化出很多"轻体育"项目，如足球的5人制、7人制；篮球的3对3、4对4；排球的软式排球、气排球；网球的软式网球、短式网球；高尔夫球的阳台高尔夫、模拟高尔夫等。这些经过"软化"的体育项目已经在大众健身领域广泛开展，并深受广大人民群众的喜爱。然而，在我国有着广泛群众基础的乒乓球运动却没有软化出任何的"轻体育"项目。显然，乒乓球运动的"软式化"发展迫在眉睫。

一、乒乓球运动"软式化"的内涵

乒乓球运动起源于19世纪末的英国，发展至今已有100多年的历史。在这100多年的发展过程中，随着乒乓球器材的更新换代和打法的不断创新，现代乒乓球运动的竞技性越来越强[2]。乒乓球运动成了那些天赋异禀、技能高超的专业运动员攀登人类生理极限高峰的阶梯，而普通人却很难从中领略到运动带来的乐趣。在人类体育历史发展的长河中，许多在当时非常流行和普及的体育项目由于过分强调竞技性，脱离了社会生活，从而失去了健身和娱乐的本质，最终不能适应社会进步的需要而退出了体育历史的舞台[3]。因此，为满足广大群众健身、娱乐和休闲的多元化体育需求，使乒乓球运动的发展贴近社会生活，"软式化"是其发展的必然趋势。乒乓球运动的"软式化"发展，不仅能使乒乓球运动具有更大的社会适应性和文化底蕴，而且有利于乒乓球自身的发展和传承。

在竞技体育项目"软式化"的过程中，不同的体育项目软化的重点不同。体能类项目软化的重点是运动负荷，技能类项目软化的重点是技术难度，体能与技能紧密结合的项目软化的重点既有运动负荷又有技术难度，具体问题具体分析，不能一概而论。乒乓球运动属于典型的技能类体育项目，其软化的重点

---

[1] 李杰凯. 竞技运动项目"软式化"趋势与体育器材的研制 [J]. 上海体育学院学报, 1999（4）：26-31.

[2] 朱惠平. 无机胶水对世界乒乓球运动技术发展趋势的影响 [J]. 杭州师范大学, 2010（3）：237-240.

[3] 李杰凯. 论"轻体育"与竞技运动项目"软式化"发展趋势 [J]. 沈阳体育学院学报, 1998（4）：1-5.

必然是技术难度。那么，乒乓球运动的技术难度究竟是什么造成的呢？准确分析这一原因是其成功"软式化"的关键，同时也是正确选择乒乓球运动"软式化"路径的前提。通过深入研究发现，形成乒乓球运动技术难度的原因主要有三点：第一，40毫米乒乓球速度快、旋转强烈，掌握起来难度较大；第二，发球技术威胁过大，导致接发球几乎成了乒乓球运动的技术瓶颈，从而制约了其他技术的正常发挥，影响了大众参与乒乓球运动的积极性；第三，乒乓球拍的胶皮包括反胶、正胶、生胶和长胶，这四种胶皮性能迥异，打法各不相同，这无形中又增加了乒乓球运动的技术难度[1]。因此，要降低乒乓球运动的技术难度，对乒乓球运动进行成功的"软式化"改造，就得从降低乒乓球的速度和旋转、限制发球威胁和统一球拍胶皮三方面考虑，以便有效降低乒乓球运动的技术难度，提高趣味性和娱乐性。为了区别于大家通常所指的乒乓球运动，我们将通过"软式化"改造的乒乓球称为"慢式乒乓球"[2]。

二、乒乓球运动"软式化"的途径

（一）通过设计制作直径为45毫米的"慢式乒乓球"，以降低乒乓球的速度和旋转

乒乓球运动是一项短兵相接的对抗性球类项目。在大多数情况下，比赛双方距离不过3至4米，运动员击球的反应时间仅有0.2～0.3秒。在如此短的时间内，运动员不仅要迅速、准确地判断出来球的落点、速度及旋转，而且还要快速、果断地做出反应，采用合理的技术还击。这就意味着在击球的过程中容易出现运动员的反应判断及动作速度不够敏捷而造成失误的现象。

随着乒乓球器材的更新换代和打法的不断创新，乒乓球的速度越来越快、旋转越来越强。这种超快的速度和超强的旋转不仅让业余爱好者难以驾驭，而且导致专业运动员在比赛中失误频频[3]。这使得乒乓球运动的发展出现了危

[1]张晓蓬，吴焕群.40mm乒乓球对比赛状态的影响［J］.天津体育学院学报，2000（3）：65-66.

[2]刘艳超，徐金陆，魏玉平，等.对乒乓球基础训练中几个问题的反思［J］.南京体育学院学报：社会科学版，2012，24（3）：105-108.

[3]朱惠平.王皓在第五十届世乒赛中的主要技术诊断及效果分析［J］.云南师范大学学报，2010（3）：70-73.

机。为化解这一危机，国际乒联规定自2000年10月1日起使用直径为40毫米的大球，以降低乒乓球的速度和旋转。吴焕群等人通过研究发现：直径为40毫米的乒乓球平均速度为15.4米/秒、平均转速为105.8转/秒，而直径为38毫米的乒乓球平均速度为17.8米/秒、平均旋转为133.5转/秒；与直径为38毫米的小乒乓球相比，直径为40毫米的大乒乓球速度降低了13%，旋转降低了21%[1]。国际乒联采用直径为40毫米大球后，乒乓球比赛精彩纷呈，运动员多回合的中远台拉球让人酣畅淋漓，极具观赏性和视觉冲击力，完美地解决了竞技乒乓球运动领域出现的问题。但是，国际乒联这一改革在大众乒乓球领域却收效甚微，业余爱好者还是感觉直径为40毫米的乒乓球速度太快，旋转太强，让人难以驾驭，无法体验乒乓球运动的乐趣。为此，我们设计制作了直径为45毫米的"慢式乒乓球"，以满足普通群众的健身、娱乐和休闲的多元化体育需求。与40毫米乒乓球相比，45毫米的大球速度更慢，旋转更弱，更容易控制，击球回合明显增多，乒乓球运动的参与者更容易获得成功的体验，这种运动的成就感强化了人们参加体育锻炼的行为，有利于乒乓球运动的进一步推广和普及。可见，直径为45毫米的"慢式乒乓球"创新，对乒乓球运动的发展具有重要的意义。

（二）通过修改发球规则，以限制发球的威胁

发球是乒乓球比赛的开始，它是乒乓球技术中唯一不受对方限制和约束的技术，这导致了发球技术相对于其他技术而言威胁过大。尤其是在大众乒乓球领域，有时候乒乓球比赛演变成了赤裸裸的"发球比赛"，在一定程度上阻碍了其他乒乓球技术的正常发挥，进而影响了普通群众参加乒乓球运动的自信心。因此，在乒乓球运动"软式化"过程中必须限制发球的威胁，降低接发球的难度，给其他技术的正常发挥创造出公平的竞技舞台。

众所周知，发球的威胁主要体现在旋转和落点两个方面。首先，丰富的旋转变化是构成发球威胁的主要原因。发球时不仅能制造出上旋、下旋、左侧旋、右侧旋、顺旋、逆旋6种基本旋转，而且还能制造出左侧上旋、右侧上旋、左侧下旋、右侧下旋等多种混合旋转。发球技术几乎把乒乓球的旋转演绎到了极致。乒乓球爱好者由于没有经过长期而刻苦的专业化训练，对发球的旋

---

[1] 吴焕群，张晓蓬，等.中国乒乓球竞技制胜规律的科学研究与创新实践［M］.北京：人民体育出版社，2009：258.

转性质很难判断清楚，从而导致接发球失误频频。其次，不断变化的落点是构成发球威胁的次要原因。发球时由于不受对手的控制，发球方可以根据对手的站位从容地选择发球的落点以增加发球的威胁。发球时不仅可以发到对方球台的左半区和右半区，而且还可以发底线长球和近网短球，这一左一右、一长一短，让人无暇顾及，造成接发球失误增多。

使用直径为45毫米的"慢式乒乓球"后，发球的旋转强度明显减弱，使得在发球过程中由旋转变化产生的威胁得到了有效的控制，反而不断变化的落点成了发球的主要威胁。而控制发球过程中落点变化所带来的威胁可以通过限制发球区域来实现，即发球方只能沿着对角线两个半区发球，当发球一方在己方球台的右半区必须发球至对方的右半区，中线视为右半区的一部分；当发球一方在己方球台的左半区必须发球至对方的左半区，中线视为左半区的一部分。在乒乓球运动的"软式化"过程中，对发球威胁的限制有利于突破大众乒乓球的技术瓶颈——接发球，在很大程度上推动了大众乒乓球整体技术水平的提高。

（三）通过修改乒乓球器材规则，统一球拍胶皮，以降低胶皮给乒乓球运动带来的技术难度

胶皮是乒乓球底板表面的覆盖物，主要有反胶和颗粒胶两种。反胶是胶粒朝下、表面光滑的胶皮，击球稳定性高、手感清晰、易于控制。颗粒胶是胶粒朝上的胶皮，包括正胶、生胶和长胶三种。颗粒胶的不同主要表现在胶粒的形状上，其中正胶胶粒粗而短，以击球速度较快见长；生胶胶粒的形状介于正胶和长胶之间，其特点是击球下沉；长胶胶粒最为细长，而且质地柔软，击球怪异，球路飘忽不定，可以产生反常旋转的现象。不同的胶皮性能不同，击球效果迥异。乒乓球运动规则并没有规定同一种性能的胶皮同场竞技。这就意味着乒乓球场上除了出现同一种性能的胶皮同场竞技的情况，还有可能出现不同性能的胶皮同场竞技的情况。只要参与乒乓球运动就必须了解各种胶皮的性能，熟悉各种胶皮的打法特点，不同性能的胶皮给乒乓球运动增加了难度。

目前，除了乒乓球运动，所有持拍隔网对抗项目的球拍性能都趋于统一，不同类型的球拍击球效果基本相同，不会产生强烈反差。人们在参与这些体育项目的时候，只需关注"人"，而无需研究"物"。因此，在乒乓球

运动"软式化"过程中，有必要统一球拍胶皮，以降低器材给大众乒乓球运动带来的难度。

三、"慢式乒乓球"运动的推广

在"轻体育"时代，为满足广大群众健身、娱乐和休闲的多元化体育需求，"软式化"是乒乓球运动发展的必然趋势。目前，从乒乓球运动中派生出的"慢式乒乓球"正在兰州推广，虽然大家普遍认为"慢式乒乓球"非常适合普通群众的健身和娱乐，但在传统观念的束缚下，人们往往只承认所谓的"正规乒乓球"运动，认为"慢式乒乓球"不正规，对新生的"慢式乒乓球"持排斥的态度。可见，仅仅依靠民间力量推广"慢式乒乓球"比较困难。"慢式乒乓球"要想得到广泛的推广和普及，需要体育行政部门的介入。为此，建议体育行政部门从官方层面介绍和宣传"慢式乒乓球"，组织各类"慢式乒乓球"比赛，这样才能使"慢式乒乓球"得到顺利的开展。例如，起源于我国本土的气排球运动，在开始推广阶段也是举步维艰。自从国家成立了气排球运动推广小组，气排球运动得到了快速的发展和普及。现在，气排球运动已经成了家喻户晓的"轻体育"项目，深受广大排球爱好者的喜爱[1]。因此，为了乒乓球运动的多元化发展，同时也为了乒乓球运动在我国更好的开展，希望体育行政部门尽早介入"慢式乒乓球"的推广。

四、小结

在"轻体育"时代，"软式化"是乒乓球运动发展的必然趋势，从乒乓球运动中派生出的"慢式乒乓球"运动是迎合时代发展的必然产物，以满足现代人对"轻体育"的需求。同时，"慢式乒乓球"运动的诞生使乒乓球运动由单一的社会存在形态向多元化的社会存在形态转变，不但能够使乒乓球运动具有更大的社会适应性，而且有利于乒乓球运动自身的发展和传承。因此，我们要切实转变思想观念，跳出竞技体育狭窄的天地，以时代发展的目光来看待新生的"慢式乒乓球"，这对于扩大乒乓球运动的参与人数、丰富乒乓球文化、充

---

[1] 蔡志源.我国创新的气排球与项目展望［J］.北京体育大学学报，2003（6）：849-850.

实大众体育文化内容，都有着深远的意义。

第二节　砂板乒乓球兴起的过程与原因解析

乒乓球运动起源于19世纪末的英国，在一百多年的发展历程中，随着乒乓球器材的更新换代和打法的不断创新，现代乒乓球运动的竞技性越来越强，相反运动乐趣有所不足[1]。为满足人们健身、娱乐和休闲的多元化体育需求，使乒乓球运动更贴近社会生活，砂板乒乓球应运而生并在世界范围内悄然兴起。砂板乒乓球与现代乒乓球最大的区别就在于球拍表面使用的覆盖物为砂纸而非胶皮。由于砂纸的摩擦性和蓄能效果都不如胶皮，砂板乒乓球的速度和旋转都明显弱于现代乒乓球[2]。与现代乒乓球相比，砂板乒乓球更加注重体育项目本身的趣味性、娱乐性及健身功能。砂板乒乓球运动的兴起，弥补了现代乒乓球运动的娱乐性不足，使乒乓球运动具有更强大的社会适应性，对于丰富乒乓球文化底蕴、促进项目多元发展和传承创新都具有重要意义[3]。

一、砂板的历史回顾

"砂板"全称砂板乒乓球拍，它并非新发明的乒乓器材，而是一种复古产品。有关资料表明，早在一百多年前砂板就已经出现（图9-1），后被海绵乒乓球拍取代。进入21世纪之后，随着砂板乒乓球运动的兴起，砂板才再次回到人们的视野中。

图9-1　早期的砂板

［1］朱惠平.	"轻体育"背景下乒乓球运动	"软式化"研究	［J］.南京体育学院学报：自然科学版，2015，14（2）：67-70.

［2］周兔子.砂板乒乓球起源、特点、规则	［EB/OL］.（2015-08-05）http：//www. happypingpang. com/news/11691. html.

［3］李杰凯.竞技运动项目	"软式化"趋势与体育器材的研制	［J］.上海体育学院学报，1999（4）：26-31.

乒乓球运动是从网球运动中派生出来的体育项目，因此在乒乓球运动诞生之初，乒乓球拍的形状、结构、性能等均与网球拍十分相似，唯一的区别就是比网球拍小一些[1]。在赛璐珞球代替软木球和橡胶球之后，人们用羔皮纸贴成的长柄椭圆形空心球拍取代了原来的穿弦球拍，这种球拍击球稳定性明显好于穿弦球拍，但存在造价高和耐久性差两个问题，于是在1900年左右人们又发明了木板球拍。木板乒乓球拍不仅制作工艺简单，而且价格便宜，它的出现使得作为贵族运动的乒乓球迅速平民化，推动了乒乓球运动的快速普及。

20世纪初，人们围绕木板掀起了对乒乓球器材进行改进创新的高潮。首先，有人想到了在光滑的木质拍面上凿孔，依靠孔的边缘制造摩擦力。后来，又有人在球拍的大小和形状上做了很多研究，以求木板球拍的性能更加优越，但效果并不理想。于是，在木质球拍表面粘贴覆盖物，借助其他辅助材料来提高球拍的性能成了乒乓球器材研制的新思路。在这一思路的引领下，相继诞生了砂板球拍和颗粒胶皮球拍。与纯粹的木板球拍相比，这两种球拍性能更加出众，其控球和制造旋转的能力都得到了极大的改善。随着球拍性能的改善，乒乓球的各种打法先后产生并迅速发展起来，极大地推动了乒乓球从游戏向竞技体育项目的过渡。

砂板球拍和颗粒胶皮球拍问世以来，就一直受到人们的青睐和追捧，并一起活跃在世界乒坛长达半个多世纪之久。直到1952年，在日本选手佐藤博治凭借秘密武器——8毫米厚的海绵乒乓球拍获得世界男子单打冠军之后，活跃了半个多世纪的砂板球拍和颗粒胶皮球拍终于被取代。但人们并不甘心这种结果，于是开始尝试将海绵融入到砂板球拍和颗粒胶皮球拍中，想通过海绵的介入重新点亮砂板球拍和颗粒胶皮球拍的生命[2]。然而，在这一次至关重要的乒乓球器材创新过程中，颗粒胶皮拍凭借与海绵的完美结合被保留了下来，砂纸由于无法与海绵结合退出了历史舞台。正当人们以为砂板球拍和穿弦球拍一样都已成为历史的时候，砂板和砂板乒乓球运动却在21世纪再次兴起，让我们再一次享受和领略到了砂板给乒乓球运动带来的无穷乐趣。

二、砂板乒乓球兴起的过程

从美国乒乓球名将马蒂·赖斯曼的推广到第一届世界砂板乒乓球锦标赛的

［1］张博，詹丽来.乒乓球旋转的技巧［M］.北京：人民体育出版社，2001：3.

［2］朱惠平."乒乓精神"的文化内涵［J］.中国学校体育：高等教育版，2015，2（9）：1-5.

成功举办，砂板乒乓球经历了一个艰辛而漫长的兴起过程。1952年，美国乒乓球队的领军人物、世锦赛冠军的有力争夺者马蒂·赖斯曼率队参加了在印度孟买举行的第19届世界乒乓球锦标赛。比赛中，遇到了使用海绵球板的佐藤博治，面对对手频频打出的刁钻旋转球，马蒂·赖斯曼手足无措，很快就被这位日本小将击败。不久之后，海绵球拍在国际比赛中完全取代了砂板球拍，成为了世界乒坛新的主宰。但马蒂·赖斯曼对砂板情有独钟，宁可在比赛中输球也不肯使用海绵球拍，并且把余生都放在推广这种"原始"的乒乓球打法上。

马蒂·赖斯曼穷尽一生对砂板的守护引起了英国著名体育赛事推广人、竞赛空间体育推广公司（Matchroom Sport）的创始人和老板巴里·赫恩（Barry Hearn）的注意。2009年，巴里·赫恩联系了马蒂·赖斯曼，并在看到砂板独特的乒乓魅力之后为之吸引，想到自己曾帮助过飞镖、垂钓和斯诺克台球成为英国乃至全世界的主流体育项目后，巴里·赫恩产生了要帮助马蒂·赖斯曼共同推广砂板乒乓球的念头。经过一番精心的筹划和准备，竞赛空间体育推广公司2012年1月隆重举行了第一届世界砂板乒乓球锦标赛（图9-2）。

图9-2　砂板乒乓球比赛场

经过竞赛空间体育推广公司包装后的砂板乒乓球与现代乒乓球的风格截然不同。首先，在比赛场地的布置上，砂板乒乓球是按照斯诺克的标准搭建的球台，比赛区与观众席泾渭分明，比赛时还伴有不同色彩灯光的映衬，运动员每打出一个好球，观众都会不失时机地送来热情的掌声，整个赛场都充满了文艺气息[1]。其次，在竞赛规则方面，砂板乒乓球不仅统一了球拍（现代乒乓球拍允许粘贴反胶、正胶、生胶、长胶等不同性能的胶皮），而且还增加了"2分球"环节（表9-1），使比赛更加公平、公正，且充满了趣味性。最后，砂板乒乓球已经注册了属于自己的世界锦标赛名称，但有趣的是世界砂板乒乓球锦标赛的英文名称World Ping Pong Championships，与国际乒联举办的World Table Tennis championships如出一辙，两者翻译成中文都是世界乒乓球锦标赛。为此，世界砂板乒乓球锦标赛的举办方解释说Table Tennis与Ping Pong是两个含义，其中Table Tennis是指技术含量高、回合少的现代竞技体育项目；而Ping Pong才是真正意义上的乒乓球，它不仅回合多、趣味性强，而且简单易学，是大多数人都能玩得起来的体育项目[2]。在我国，为了防止World Table Tennis championships与World Ping Pong Championships相互混淆，大部分学者和媒体都把World Ping Pong Championships直接翻译成了世界砂板乒乓球锦标赛。

表9-1 关于"2分球"的说明

序号	内 容
1	在运动员发球前，运动员必须示意裁判和对方，下一个球为"2分球"
2	如果叫球方该球获胜，得2分；如果叫球方输球，对方得1分
3	只能在叫球方12分（含）以内时使用"2分球"
4	三局两胜的比赛中每位运动员可使用一次"2分球"
5	五局三胜的比赛中每位运动员可使用两次"2分球"
6	"2分球"不影响原发球顺序

---

[1] 王春亮，王军，黎晓春. 乒乓球还是乒乓球吗——砂板乒乓球运动研究 [J].体育文化导刊，2016，4（4）：97-99.

[2] 阎密. 这是Ping Pang，不是Table Tennis [EB/OL].（2015-03-04）http://www.dooland.com/magazine/article_600759.html.

自2012年1月在英国伦敦的亚历山大宫举办了第1届世界砂板乒乓球锦标赛之后，每年的1月份都要在英国伦敦的亚历山大宫举办1届世界砂板乒乓球锦标赛，截至2017年已经举办了6届。目前，世界砂板乒乓球锦标赛已经吸引了50多个国家和地区的数百万砂板爱好者的参与，其规模和影响正在日益扩大[1]。其中对砂板乒乓球发展具有标志性意义的是，从2015年的第4届世锦赛开始，中国砂板乒乓球运动员出现在了赛场上。2016年更是由天工集团组建了"中国天工砂板乒乓球代表队"参加了第5届世锦赛[2]。按照英国竞赛空间体育推广公司老板巴里·赫恩的想法，趣味性和娱乐性十足的砂板乒乓球，将依靠速度慢、旋转弱、上手快的优势很快在全世界范围内迅速普及，World Ping Pong Championships的影响力也将在不久的将来超过World Table Tennis championships，成为世界上最具吸引力的乒乓球锦标赛。

三、砂板乒乓球兴起的原因

（一）现代社会对"轻体育"的需求

"轻体育"也称"轻松体育"或"愉快体育"，是伴随着现代社会发展和大众生活水平的提高而出现的，以休闲、娱乐、健身为目的的轻松、愉悦的体育活动新方法。这种体育活动不拘于形式、不在乎输赢，只追求在愉快的运动中有利于身心健康的行为，其精髓是一静不如一动，生命在于轻松而愉悦地运动。在整个体育锻炼的过程中，人们不必为动作技能上的笨拙而感到羞愧，也不必为没有达到一定的竞技目标而心情沮丧。它可以使锻炼者忘记烦恼、抛弃一切不愉快的杂念，使运动过程不仅有利于强健身体，而且有利于愉悦精神[3]。从医学角度看，轻松的身体活动，能够促使人体分泌有益于健康的活性物质，调节血液循环，加快新陈代谢，兴奋中枢神经，令人朝气蓬勃，使人持续处于愉悦状态[4]。现代社会生活节奏快、工作压力大，"轻体育"的特点正好适合现代人对体育的需求，因而被越来越多的人认可，成为了

［1］王悦.砂板乒乓球在全民健身中的推广价值与途径［J］.福建体育科技，2016，35（3）：19-21.

［2］李景繁，叶松东.砂板乒乓球运动的发展历程与趋势研究［J］.体育文化刊，2017（4）：187.

［3］方青，郑航.融入与解放：社会化视域下的体育休闲［J］.河北体育学院报，2017，31（2）：18.

［4］杨文轩，陈琦.体育原理［M］.北京：高等教育出版社，2004：114.

当前社会大众健身的新理念[1]。现代乒乓球运动速度快、旋转强、回合少，技术难度太大，竞技性过强，普通人参与其中失败的沮丧多、成功的体验少，很难享受体育运动所带来的乐趣。而砂板乒乓球速度慢、旋转弱、回合多，注重的是体育项目本身的娱乐性和趣味性，强调是在欢快娱乐的氛围中享受体育活动的过程。所以，砂板乒乓球的兴起是现代社会对"轻体育"需求的结果。

（二）竞技体育"软式化"发展的趋势

竞技体育是体育的重要组成部分，它既是专业运动员争金夺银、创造优异运动成绩、展现运动技艺的平台，又是普通人参与体育锻炼、强身健体、休闲娱乐的重要手段[2]。人们既可以从高水平的体育比赛中感受生命的力与美，又可以亲身参与其中享受体育的乐趣。然而，随着社会的进步和科技的发展，竞技体育的"更高、更快、更强"竞争属性日益突出，导致许多项目远离了社会生活，并最终退出了历史舞台[3]。为了使竞技体育与时俱进，具有更加广泛的社会适应性，满足社会的多元化需求，竞技体育呈现出了"软式化"的发展趋势，即同一体育项目具有多种社会存在形态，以适应更多元的社会需求[4]。目前，篮球、足球、排球、网球、高尔夫球、健美操等竞技体育项目都已通过"软化"发展派生出了许多注重健身和娱乐功能的衍生品。如篮球的3对3、4对4，足球的7人制、5人制，排球的气排球、软式排球，网球的短式网球、软式网球，高尔夫球的模拟高尔夫、阳台高尔夫，健美操的大众健美操等。这些经过"软化"的运动项目运动负荷小、技术难度底，不仅满足了普通人参与竞技体育的需求，而且提高了项目的社会适应性、扩展了生存空间。然而，有着广泛群众基础的乒乓球运动长期以来却只有一种存在形态，很难满足现代社会对乒乓球的多元化需求，因此砂板乒乓球的兴起是乒乓球多元化发展的必然结果，它弥补了现代乒乓球运动的不足，有利于乒乓球运动自身的发展和传承。

［1］冯庆梅，王其琪. 论"轻体育"的特点及其未来发展趋势［J］. 山西师大体育学院学报，2005（12）：27–28.

［2］田麦久. 运动训练学［M］. 北京：人民体育出版社，2005：1–15.

［3］李杰凯. 竞技运动项目"软式化"趋势与体育器材的研制［J］. 上海体育学院学报，1999（4）：26–31.

［4］李杰凯. 论"轻体育"与竞技运动项目"软式化"发展趋势［J］. 沈阳体育学院学报，1998（4）：1–5.

（三）人们对乒乓球公平竞争的追求

公平性是竞技体育最基本的特征，也是竞技体育运动制定规则的前提[1]。如果一个竞技体育项目的公平性遭受质疑，该项目的发展必将受到严重阻碍。因此，在竞技体育运动中保持评判标准和判罚结果的公平公正是所有项目追求的重要目标和努力方向[2]。然而，有着一百多年发展历史的乒乓球却存在着公平竞技的问题，其公平性遭受质疑的根源主要来自胶皮的混乱使用。众所周知，乒乓球的胶皮主要有反胶、正胶、生胶、长胶及防弧胶皮等，且不同类型的胶皮性能截然不同、打法风格迥异[3]。就胶皮的使用权来看其公平性不存在任何争议，但从胶皮的性能差异而言，不同类型的胶皮同场竞技就存在不公平的现象了，而这种不公平具有一定的隐蔽性，只有在特殊的环境下才能显现出来。比如在大多数人使用反胶胶皮的情况下，颗粒胶皮的使用者就会占有一定的优势，而这种优势大多来自反胶使用者对颗粒胶皮的不适应。关于乒乓球胶皮使用的公平性问题曾经引起过国际乒联的关注，那就是20世纪六七十年代，中国人发明和制造的长胶让国外选手难以招架的时候，国际乒联对长胶的使用规则进行了修改，但并没有站在促进乒乓球公平竞争的高度去禁止颗粒胶的使用。面对不同性能的胶皮同场竞技的不公，人们渴望统一器材，期盼更加公平的竞争[4]，在业余领域更是如此，只可惜这一点并没有引起国际乒联的足够重视。与之形成鲜明对比的是，砂板乒乓球的最大亮点就是统一了器材，彻底解决了乒乓球拍使用的公平性问题，极大地满足了人们追求公平竞争的夙愿[5]，因此一经推出就受到广大乒乓球爱好者的青睐和喜爱。

[1] 刘淑英，王建平.持拍隔网对抗性项群竞赛规则的发展趋势[J].体育学刊，2007，14（8）：114-117.

[2] 虞丽娟，张辉，戴金彪.隔网对抗项目比赛技术分析的理论与方法[J].上海体育学院学报，2007，31（3）：48-53.

[3] 梁焯辉.略谈乒乓球拍争论的实质[J].广州体育学院学报，1986（1）：1-2.

[4] 蒋津君，徐金陆，郭锐.乒乓危机——以竞赛规则改革促乒乓球运动顺势发展的研究[J].天津体育学院学报，2012，27（2）：177-181.

[5] 冯晓雨.砂板乒乓球特点研究——以2016年江苏首届砂板乒乓球大奖赛为例[J].南京师范大学学报：自然科学版，2016.39（4）：143-145.

（四）砂板乒乓球娱乐健身的独特魅力

砂板乒乓球比赛场地是按照斯诺克标准搭建的，因此观众席和比赛区划分得非常清晰，比赛时再配以摇滚音乐和不同颜色的灯光点缀，整个球台和运动员被映衬得绚烂夺目。砂板乒乓球的比赛仿佛已经不是体育的竞技而是万众瞩目的文艺表演，比赛每到"2分球"的关键时刻，聚光灯的快速闪烁、扣人心弦的摇滚乐来回切换，台上运动员亢奋不已，台下观众情绪高涨，现场气氛更加火爆。这些都是人们在当前乒乓球运动中无法感受和体会的，因此砂板乒乓球的娱乐价值更大。另外，砂板乒乓球运动由于球速慢、旋转弱，可以让参与者在多回合的竞技中获得更多的锻炼，更有利于提高身体的灵活性和协调性，还能更好地改善心血管系统功能，促进身心全面发展，因此砂板乒乓球还具有更高的锻炼价值。此外，砂板乒乓球拍上没有海绵和胶皮，只贴着一层薄薄的砂纸，故而击球速度慢、旋转弱，主要是依靠技巧在多回合的较量中取胜，在一定程度上规避了伤病事故的发生，人们参与砂板乒乓球的安全性得到了进一步的保证。总之，砂板乒乓球正凭借着诸多独特魅力吸引着越来越多的人参与其中，让人们在娱乐中享受着运动带来的健康和乐趣。

四、小结

砂板乒乓球属于乒乓球运动的衍生品，是一种较为原始的乒乓球打法，为满足现代人需求而在全世界范围内兴起。其间，美国乒乓球名将马蒂·赖斯曼和英国竞赛空间体育推广公司起到了至关重要的作用。砂板乒乓球的兴起不仅满足了现代社会对"轻体育"的需要，而且符合竞技体育"软式化"发展的趋势，可以更好地服务于人们健身、娱乐和休闲的多元化体育需求，在弥补现代乒乓球运动的不足和促进乒乓球项目发展等方面做出了积极贡献。